日本がアメリカに勝つ方法

晶文社

デザイン　ＡＳＹＬ（佐藤直樹＋徳永明子）
装画　河村康輔

日本がアメリカに勝つ方法　目次

第2章　水が低きに流れるように、なすがままになさしめよ

第3章　愛こそはすべて（All You Need is Love）

あとがき　「次征く時は無限の彼方へ」

はじめに

今の日本は、まずアメリカに勝つつもりじゃないと、現状維持すらできません

本書のタイトルに含まれている、

「日本がアメリカに勝つ」

というフレーズを見て、「ヒソヒソ、この人右翼のアブナイ人なんじゃないの?」などと思わないでいただきたいです。

本書の元々のタイトルは、「薄明かりが見えた日本経済が、このまま伸び続けるために必要な

第四の矢」というものだったのです。

しかし、そういう文章を書いていると、なんかそもそも、「日本経済が伸び続けるなんてことがありえて良いのか？」という日本人の過去20年の負け癖の潜在意識的重圧と常に戦い続けながら一行一行書いていく……みたいなことになってしまっていたんですね。

いやいや、どんな経済だって伸びる余地はありますよ。伸びないなんてことがありますか。というトーンの文章を書けば書くほど、「想像上の読み手さん」が、

「でもねえ……だってねえ……そうは言ってもねえ……なんと言っても日本だしねえ……そりゃあ勢いのよい外国ではそうかもしれないけどねえ……そりゃあアメリカではそうかもしれないけどね……」

とグチグチ言ってくるみたいな状況の中で、なんというかそもそも根っこのところの「世界観」自体が、もうほんと、ねえ？

この我々日本人はこれからも未来永劫衰退の一途を運命付けられているかのような、根底的な心の「負け癖」みたいなものは一体何なのか？　ということを考えると、結局それは、

「アメリカ（的なもの）からの精神的自立」

が、先に必要なんじゃないか？　ということを、深く痛感するようになったのです。

誤解しないでいただきたいのですが、「アメリカ的なものからの精神的自立」といった時に、「アメリカ由来の優れたものを全否定して引きこもろう」「日本には古来からの日本のやり方があるんじゃ黙ってろ！」というような、そういう方向の話をしたいんじゃないんですよ。

むしろね、逆なんですよ。


本当に精神的に「アメリカ的なものからの自立」ができていたら、無理やりに「拒否」する必要もなくなるんですよ。


アメリカに限らずあらゆる外国由来の良い部分を、「お、コレええやん」的な軽さでホイホイ取り入れる自由さも生まれるし、「まあ、ここんとこはちょっとマネせんほうがええな」っていうところは適切に無視しながら、自然に付き合っていくことが可能になるんですよ。

さらに言うなら、最近よくある「政治家の問題発言」みたいなものも、「別にそんなこと言わなくてもいいじゃん」と**〝日本人みんなが自然に〟**思えるようになるんですよ。

「政治家の問題発言」は確かに問題ですが、しかし「彼らがそういう発言をせざるを得ない状況」になっている「根本原因」の方を放っておいたまま、「発言者」の人格やら生い立ちを非難するようなことを言っていても何も生産的なことはありませんし、そもそもそういう非難の仕方はフェアではないですよね。

「問題発言をしてしまう政治家」の裏には、「そうやって吠えていないと自分を保てないほどに誰からも尊重されない状況にいる自分たちらしさ」という問題があり、それをちゃんと「適切にうまく伸ばしていってあげられるムーブメント」がないからこそ、行き場を失った「自分たちらしさを自然に発揮したいよ！」という思いが、今のところは右翼的な問題発言や、外交面における過激すぎる主張などにつながっているわけですよ。

それもこれも、結局「アメリカ的なものからの精神的自立」ができてないからこその問題なんですよね。

「第四の矢」は、「違う立場の人たちとも共有できる国家ビジョン」

では、「アメリカ的なものからの精神的自立」とは一体何なのか？

それは、「新しい国家の共有ビジョン」を持つことです。もともとの本書のタイトル、「薄明かりが見えた日本経済がこのまま伸び続けるために必要な第四の矢」における、「第四の矢」も、この「新しい国家の共有ビジョン」のことでした。

どういう「新しい国家ビジョン」が必要かというと、それは「立場の違いを超えて共有できるビジョン」でなくてはなりません。

今の時代、色んな立場の人がいます。「古き良き日本」を大事にしたい人たちがいる。「グローバリズム時代の新しい開かれた社会」みたいなものを大事にしたい人たちがいる。「経済の新陳代謝」こそが大事だと思う人もいる。「格差是正」こそが一番大事だと思っている人がいる。

それぞれの立場が尊重され、それぞれに発言する権利が与えられていることは非常に大事なことです。しかし、ある程度小さな企業や、ワンマン創業者が独裁権を持っている会社でもない限り、ましてや「地域」単位、「国」単位で考えた時には、「別の考え方」を持っている人たちのことを無視しては実効性のある具体策を練り上げることができません。

インターネット時代になって、みんなが「同じ情報源」を得ている時代でなくなった結果、今の人間は知らず知らずのうちに、「自分が得たい情報だけを得て、自分が信じたい情報だけを信じ、自分が信じたいものを一切批判しないで簡単にダヨネーと言ってくれる人たちだけとSNSで繋がって、どんどん過激化した意見を言えば言うほど身の回りの小さいコミュニティから喝采を浴びられる」ような状況にあります。

そういう方向でどんどん言論を過激化するということは、要するに「逆側の立場にいる人間」を、とにかく「全力で否定し全力で罵倒する」ための理論武装を完璧に行っていくということです。そうすると、「ある範囲」までは確かに賛同者が簡単に得られる。しかし、同時に「逆側」に「反対の意見を持っている人たち」が沢山出てくるので、「大きな会社単位」「地域単位」「国単位」みたいな状況になってくると、どこにも進めない状況になってしまうのです。

どんな古代にも、20世紀にも、そういう状況は少しはあったでしょうが、その傾向は今やどんどん加速しています。

そして、その結果として、21世紀の世界は、「20世紀までの世界」とは「違うゲームのルール」が生じてきているのです。その流れをキチンと捉えることが、我々日本人には非常に大事なことです。

なぜなら、

この「21世紀のゲームのルール」は、当初日本人にとって非常に不利なように見えつつ、時間が進むにつれて日本人にとって圧倒的に有利、あるいは「日本人のために作られたゲームのルールじゃないのコレ？　いやーほんとこんなに優遇していただいてスイマセンねえ」と言っていいほどに、「我々の本性」とバッチリ噛みあったもの

になっているからなのです。

図0-1と図0-2をよく見てください。この図が、**「21世紀のゲームのルール」と、「日本人の本来的特性」が、本来はいかに相性が良いかを示した図です。**

そして注意していただきたいことは、この2つの図は**「21世紀のゲームのルールにおける日本の優位性」を表すと同時に、「なぜ日本が、21世紀初頭の10年間において調子が悪かったのか」をも同時に同じ理屈で説明する図になっていることです。**

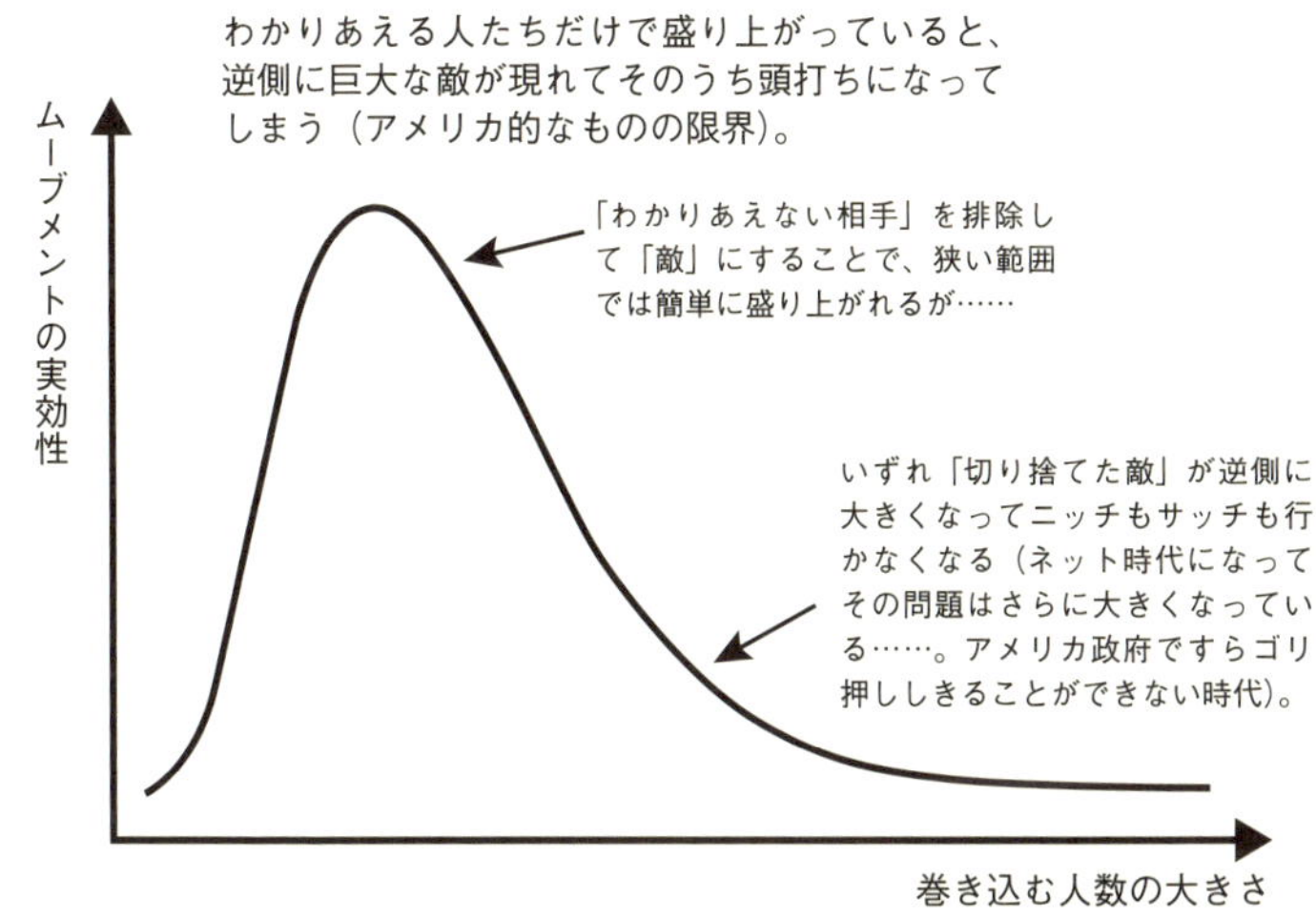
わかりあえる人たちだけで盛り上がっていると、
逆側に巨大な敵が現れてそのうち頭打ちになってしまう（アメリカ的なものの限界）。
ムーブメントの実効性
「わかりあえない相手」を排除して「敵」にすることで、狭い範囲では簡単に盛り上がれるが……
いずれ「切り捨てた敵」が逆側に大きくなってニッチもサッチも行かなくなる（ネット時代になってその問題はさらに大きくなっている……。アメリカ政府ですらゴリ押ししきることができない時代）。
巻き込む人数の大きさ

図 0-1　「空気を読まない」社会の場合

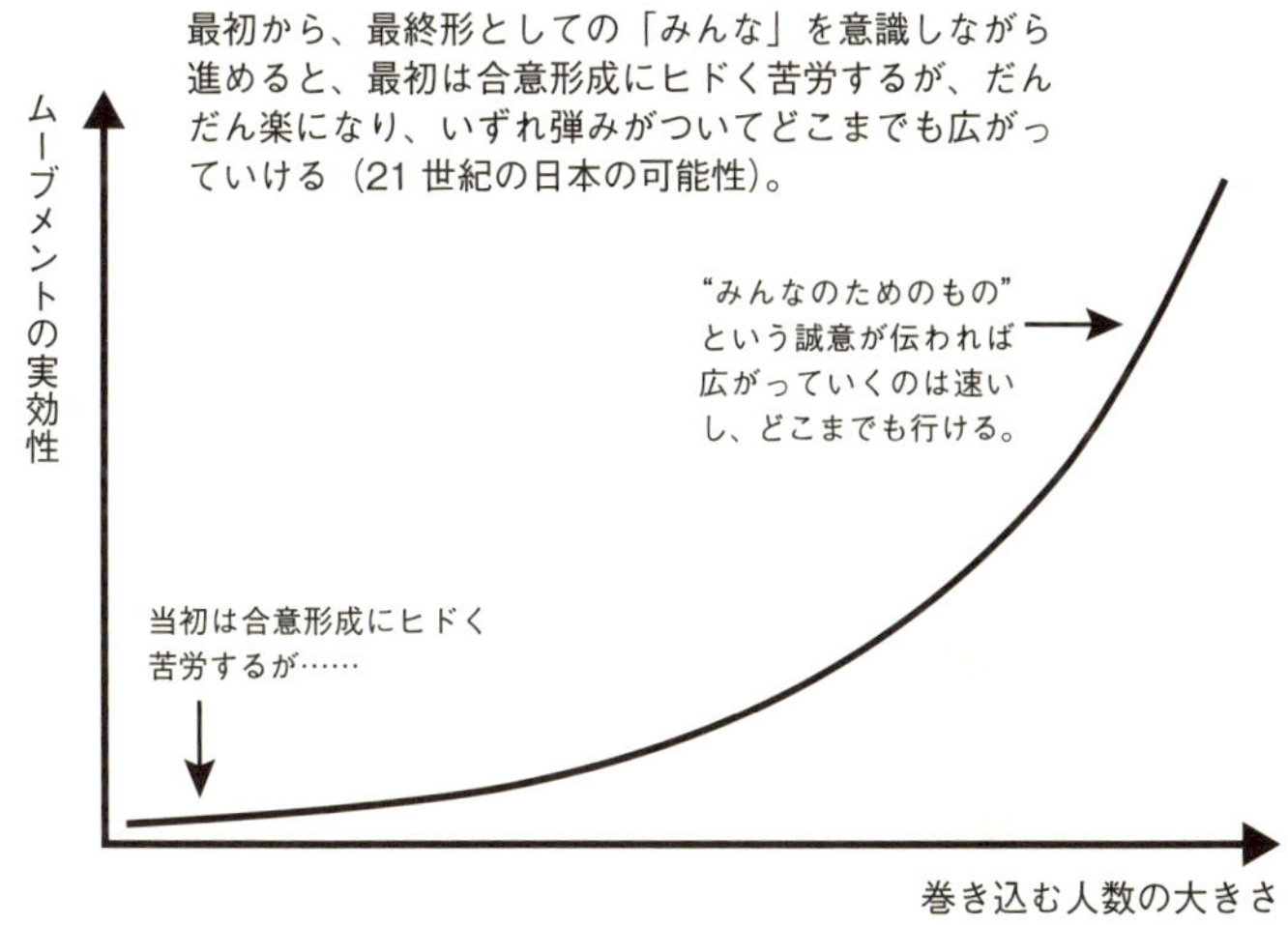
最初から、最終形としての「みんな」を意識しながら進めると、最初は合意形成にヒドく苦労するが、だんだん楽になり、いずれ弾みがついてどこまでも広がっていける（21 世紀の日本の可能性）。

ムーブメントの実効性
“みんなのためのもの”という誠意が伝われば広がっていくのは速いし、どこまでも行ける。

当初は合意形成にヒドく苦労するが……

巻き込む人数の大きさ

図 0-2　「空気を読む」社会の場合

解説しましょう。

どちらの図においても、技術的・社会的変化において今までのルールが通用しなくなった社会において、どういう存在が力を発揮しやすくなるのか?ということを分析した図になっています。横軸にとっているのは、「そのムーブメントが巻き込んでいる人数」です。そして、縦軸にとっているのが、「そのムーブメントの実効性」です。

今のようにインターネットが発達した時代においては、図0-1のように、「理解しあいやすい人たちとだけドンドン盛り上がっていく」戦略を取った方が、最初はお手軽にムーブメントを大きくすることができます。

図0-1は個人に「空気を読まない」方向で後押しをする社会の例なんですね。そうすると、周囲のことや「みんなのこと」なんかを考えることなく、「個人」が「個人の端的な発想」でどんどん周りを巻き込んでいく行動を簡単に起こすことができます。

その結果、お互い立場が似ていて、ほとんどコミュニケーションに困難がない、お互い批判しあわずに済む人たちだけと付き合って、「それ以外」の人たちを徹底的に排除し非難する理論武装を過激化させて……いけば、簡単にある程度の大きさまでのムーブメントになります。

しかし、問題はその「先」です。

そういう風なムーブメントを起こしていくと、「逆側」に、「反作用」として大きな「敵」ができます。そして、いずれそういうムーブメントは、巻き込む人数がある範囲を超えて大きくなってくると、結局「逆側の敵」の存在をどうしようもなくなって頭打ちになってしまうのです。

色んな例をあげることができますが、今回は、その親玉も親玉、「アメリカ政府」をあげてみましょう。

拍手喝采を受けて成立したオバマ政権ですが、今のアメリカの議会は「左右両側の極論」を言う人が力を持ちすぎて、法案が全然通せていない状況にあります。

特に2010年の中間選挙で共和党が下院の多数を握ってからは顕著で、11年4月には予算が通せなくてアメリカ政府が「政府閉鎖」寸前になったり、同年7月の「財政の崖」危機では、あやうくアメリカ国債がデフォルト（返済が不可能になること）寸前のところまで議会とモメてしまいました。他にも重要な法案がたびたび「左右両側の極論を言う人たち」の間の合意が取れずに身動きが取れなくなることが続き、「誰もがオカシイと感じているのにちゃんと物事が進まない」状況になりつつあります。

（……などと書いていたら、原稿が本になるまでの間の2013年10月には実際に政府閉鎖になってしまうわ、国債のデフォルトはギリギリのギリギリでなんとか回避したものの暫定措置に過ぎず、これからも度々蒸し返される可能性が存分にある状況は変わらないわ……という、世界中を呆れさせるような醜態をさらしてくれましたね。ああいうのは、暴走している政治家たちの中に、どうせこれぐらいの醜態をさらしても、世界のアメリカに対する信任は揺るがないだろうという甘い見通しの慢心があると同時に、より広範囲のアメリカ人の集合無意識的には、もう世界中の問題の最終責任を一手に引き受けたりする立場からは降りてしまいたがっているような諦念を感じます。しかし別の言い方をすればそれは、今までならありとあらゆる問題について〝アメリカが悪い〟ということにしておきさえすれば自分は100%の善人扱いでいられた世界中の人たちが、〝本当の責任〟を果たさなくてはならなくなっていく変化だとも言えますね）。

より大きなレベルで「世界の中のアメリカ」というものを考えてみても、イランや北朝鮮の核疑惑、結局どっちの勢力に肩入れすればいいのかわからずくすぶり続ける中東問題、消えない国内外のテロ……また最近では元アメリカの情報職員スノーデン氏の暴露など、

（2000年代のように）「アメリカ的なものをゴリ押しし続ける」ことがだんだんできなくなってきている……一方でアメリカはもうその道から降りることもできないという袋小路にハマりこんでいることが、あらゆる側面において顕著になってきている時代だと言えるでしょう。

これは、図0-1のグラフを見れば原因がわかります。

つまり、「最初の段階でのすり合わせ」を一切せずに、あらゆるノイズを無視してゴリ押しで世界に展開していくと、「ダヨネーと簡単に言い合える存在」とは急速に結びつくので、ある段階までは凄いスピードでムーブメントが起こせるわけです。

その「ダヨネーと簡単に言い合える存在とだけ、簡単に盛り上がれるムーブメント」が伸びている時は、「ああ、このままコレは世界を制覇して、一色で塗りつぶしていっちゃえるんじゃない？」とさえ思えてきます。

しかし、そういう**ムーブメントのやり方が、時が過ぎるごとにどんどん通用しなくなっていく時代が21世紀なのです。**

なぜか？ 21世紀にはネットがある。グローバリズムがある。あらゆることが可視化され透明性が保たれることが求められる時代である。

そういう「21世紀的な状況」においては、まず、

「空気を読まずにゴリ押しする存在」が最初の10年を制覇

しました。しかし、

「ゴリ押しする存在が無視して踏みにじったもの」が、当然の権利として逆側に盛り上がって「強大な敵」となってしまうのも21世紀のルール

なのです。

そして、いざ「無視して突っ走ってしまった存在」は、そこから先ニッチもサッチも行かなくなります。引くに引けない。押すに押せない。今の時代、「逆側にいる存在」がムカつくからといって虐殺をしたりするわけにいかない。原爆を落として焼き払ってしまうわけにもいかない。無理して押し切ろうとしても、どこかで不意打ちの反撃を受ける。

つまり、**21世紀に入ってからの最初の10年と、２０１０年以降これからの時代とは、「ゲームのルールが違う」**のだということです。

より正確に言うと、**「ゲームのルール、構造」は、21世紀に入ってからずっと同じだったわけですが、「グローバリズムが巻き込む人数」が加速度的に増えてくることによって、「その同じルール」が効いてくる影響が正反対の方向を持つようになってくるの**だというわけです。

実は21世紀の「ゲームのルール」は日本のためにあると言っても過言ではない

一方で図0-2の方をよく見てください。

21世紀的に世界が緊密に結びつき、かつ公明正大な透明性が常に求められ、古い共同体が持っていた人々を無理やり従わせるような強制力が消えてくると、確かに当初は合意形成に非常に苦労をします。

20世紀の日本にあったような、「よっしゃよっしゃわかった！　もう何も言わんでええぞぉ！ぜえんぶ俺に任せとけい!!」とかいうような親分肌の人間を根こそぎ「透明性と公平さを求めるシステム」が引きずり下ろしてしまうので、誰も大きなリーダーシップが取れなくなる。みんながそれぞれ個別には死ぬほど頑張っているんだけど、「大きな広がり」を自然に生み出すような力がどこにもないので、まるで南方の孤島に置き去りにされた旧日本軍兵士のような孤軍奮闘を強いられる。

そして、大きく方向を決めて動かしたいのにそういうことをする人間が全員足を引っ張られて潰されるので、結局どこにも進めなくなって小さな範囲にギュウギュウに詰め込まれて息苦しい。

必死に頑張っても成果が小さいものしかでないので殺人的な長時間労働も必要になる一方で、こんな生きづらい国なんか滅んでしまえ！と思う人も出てくる。そういう風に思ってしまってもとりあえず毎日生きていかなくちゃいけないから、無理やりにでも自分たちを奮い立たせる右翼的な叫びが必要になるし、それはたまに近隣諸国との不仲の原因になってしまう。そしてそうやって、あらゆる閉塞感が積み重なっていくと、子供を産んでこの社会を受け継いでもらいたいという気持ちも弱くなって少子化も進む。

それらは全て、図0-1の、グラフがまだ右の方へ動いていない時期だからこそ起きている現象です。もしあなたが日本人なら、身に覚えがありすぎるほどあるのではないでしょうか。

その時期を過ごしている人間からすれば、「もうこのシンドイ時代が永遠に続いてしまうんじゃないか？」と思っても仕方がない。あなたもそう思っていませんか？

どれだけ前向きな話をしようとしても、「でもなあ……だってなあ……なんせ日本だしなあ……日本がこれから良くなるなんてなあ……そりゃあアメリカとかだったら良くなるイメージは湧くけどなあ……なんせ日本だよ？　日本が良くなっていくっつーのがどうも……イメージできないっていうか……」みたいになってしまっても仕方がありません。

しかし!!　しかしですよ!!

この失われた10年、20年の間に、我々は、「その先」を求めてあがいてきたのです。「ゴリ押しでない新しい合意形成」のあり方を創りだそうとあがいてきたのです!!

え？　そんなものどこにあるの？

その答が本書のテーマなのです。

その本書はこれから世に出るところですが、**「どちらにも進めなくなってモメ続けているアメリカ議会」を尻目に、「衆参両院の安定多数を押さえた長期安定政権が誕生したばかりの日本」という「既に現実に起きている現象の対比」自体が、この「図0-1と図0-2の違い」を明確に表していると言えるでしょう。**

今後日本は、とりあえず「共有できる1つの政権」を持って、色んな政策を機動的に行っていける国になれる「舞台」は整っているわけです。

もちろん、安倍政権が好きな人も嫌いな人もいるでしょう。安倍政権のあり方の、「ここは許せない」というようなものが明確にある人もいるでしょう。

しかし、既に自民党の沖縄支部が選挙中に「アメリカ軍基地の県外移設」を主張していたように、「自民党の安定政権」になったからこそ、今度は「安倍政権に批判的なエネルギー」もちゃんと「吸い上げられる情勢」にどうせなります。などというのはある種の「開明的」な方向の原理主義者の方には非常に「日本的」で嫌ぁな気持ちがする言い草かもしれませんが、しかし、今重要なのは「そういう我々のサガ」を否定せずに認めて、その上で「本当にみんなのためになることを具体的に実行していく」ことに全力を尽くすことですよね。

安定政権ができた今こそ、「第四の矢」が必要

そういう状況だからこそ、今まさに「第四の矢」としての「共有できる国家ビジョン」が必要なんですね。

ある特定の人たちだけが「逆側」を押し切ってやろう！と燃えていて、たとえ「押し切った」としても、その「押し切られた人たち」がフテクサれてしまって「もういいやこんな国」って

なってしまっては、一時は良くても長期的に持続的かつ安定的な経済成長を生み出す力が湧いてくるなどということはありえません。

そして、この**「極論を言う両者の間に、ゴリ押しでない形でちゃんと合意を形成する文化」というのは、これから21世紀にはどこの国にも普遍的に必要なものになる**のです。

つまり、**今日本が直面している問題は「世界のあらゆる人間がこの先直面する問題」**なのです。

この問題に、「自分たちが自分たちだけの事情について自分たちなりの解決策を内輪で生み出す」という「我々日本人の一番得意なこと」をやりきれば、その結果生まれるものが「世界における喫緊の普遍的問題性」を帯びることになるわけです。

今までのように、高度に「自分たちらしさ」を発揮してみたものの、結局「世界のよっぽどの物好きさん」たちに熱烈に迎えられるだけに終わってしまい、その先は結局「なんかヘンな人たちだよね」で済ませられてしまう……というような「20世紀日本の不幸」を続ける必要がなくなるわけです。

「自分たちらしさ」をどこまでも無制限に追求していった先に生まれるものが、「21世紀の人類にとって普遍的に必要な内容」として受け入れられる可能性を持っているわけです。

私は大学卒業後、マッキンゼーというアメリカの経営コンサルティング会社に就職し、そこで「日本の本当の強み」と「アメリカンな方法論」との間の消せない矛盾に直面し、「これはなんとかしなくちゃな」という思いで過去の10年間を過ごして来ました。

今の日本は、「アメリカンな方法論に親しみ、グローバリズム側の立場にいる人」と「日本の現場的な方法論に親しみ、日本の古来の共同体の側の立場にいる人」の「どちらか」に特化してしまっている方が多く、そのこと自体はその個人のこの時代における有能性を獲得するために不可避なことであるとはいえ、両者をインテグレート（統合）するような存在がいないと、これからの日本は本当の力を発揮することができない状況にあります。

その問題意識から私は、「恵まれたエリートビジネスマン」的なポジションにいてはわからない、「今を生きる日本人の全体像」を過不足なく体験として知るため、いわゆる「ブラック企業」や肉体労働現場、時にはカルト宗教団体やホストクラブにまで潜入して働くフィールドワークをやったり、「純和風のコンサルティング」で有名な船井総研で働いたりした後、今度は「アメリカンな方法論では窒息してしまうような、〝地味な個人の粘り強い貢献〟を引き出す」ような活動の中で、当初は誰からも不可能と言われたエコ系技術新事業創成や、ニートの社会再参加、元会社員の独立自営初年黒字事業化など、幅広い「個人の奥底からの変革」を支援する仕事をしています。

私は、グローバリズム最前線で戦っているゴリゴリの経済合理性至上主義者のあなたの気持ちも〝体験として〟わかります。毎日毎日他の余計なことを考える余裕もないほどに長時間働いても月給14万円のブラック企業で働いているあなたの気持ちも〝体験として〟わかります。透明性の高いクリアーな論理がどこまでも何の滞りもなく通用していくようなロジカルさを愛する方の気持ちもわかるし、「うっせーな!! 日本人ならこうなんだよ!!」というナニクソ精神で人生全体を透徹されている方の気持ちもわかります。

その私がこの10年かけて、「両方の立場の方にも受け入れやすいビジョン」を時間をかけて練り上げてきたのが本書です。その「どちらの立場のあなた」にも、届くものであると自負しています。

もちろん本書は基本的に「経済」の話ですから、「共同体」側にいるあなた、いわゆる「右翼」なあなたには、少しご自身のお考えとは違う部分もあるかもしれません。

しかし、最近私は、幼稚園時代からの幼馴染で「人生初の友人」、そして現在も神戸市在住で派遣会社の派遣元で正社員として勤務している(つまり今の経済状況における〝弱者の辛さ〟に毎日直面している)自称「真性保守」のヨシダくんと、凄い長文を毎日やりとりしたりしていました。実験のために、あえて彼の意見とは逆側の「経済合理性至上主義」のようなポジションをわざと私は取りながら、合意点について探ってみる作業をしたのです。

そうすると、確かに色んな点について、考え方が真逆だなあと思わされることは多かったのですが、「おお、俺もお前ぐらいやないと逆側の立場の考えとか普段聞かへんしな、遠慮せず思い切ってドーンと来てくれや」的なことを言ってくれる彼と色々話してみると(普通なら議論を深める遥か手前でお互い〝敵〟だと認識して、〝冷静な議論という名の罵り合い〟に入ってしまいますからね)、結局「アメリカ」という存在が間に入っているから喧嘩になるけれども、「目指すべきビジョン」を具体的に詰めていけば、合意に至れることも多いことを「体感」しました。

そういう準備と配慮はできるだけしてあるつもりなので、ご自身の「今までのお考え」とは大分違う部分が含まれていても、「わたしの真意」を「あなたの真心」で受け取っていただければと思います。

私は、どんな筋金入りの右翼のあなたにも負けないほどの「一点の曇りない愛国的行動」を、今までしてきたと自負しています。

名付けて「〝項羽と劉邦〟作戦」

しかし、何も物凄く難しいことを言いたいわけではありません。本書で書かれていることは、どんな立場の方にとっても、「そうそう、本当はそうだと思っていたんだよ」と思っていただけると私は思っています。

なぜなら、**今の時代に立ち向かわなくてはいけない問題は、「想像もできない難しい問題」というよりは、「誰もがわかっているけれども合意を形成するのが難しい問題」**だからです。

たとえば、**アメリカの議会が現状あまりに馬鹿馬鹿しい混乱をしていることは、「ほとんどのアメリカ人」にとっても簡単に理解できることである……けれども誰にもどうにもできない……というような状況こそが今の時代の「最大の困難」**だからです。

両者の立場を超えた「合意点」が構成できる「風潮」さえ生まれれば、「やっぱり？　俺もそう思ってたんだよ」という形で生まれる「自然な流れ」が、日本をあるべき「本来の自分たちの力」を発揮できるポジションへ導いてくれるでしょう。

2012年に上梓した私の前著、『21世紀の薩長同盟を結べ』（星海社新書）では、この対立を超える連携のことを、幕末に気質と性格と利害と立場が大きく違っていた薩摩藩と長州藩が、幕府を倒して日本に新政府を生み出すという一点において違いを超えて結びついた「薩長同盟」になぞらえました。

それに対して、今回の本における「日本再反撃作戦」を私は

「〝項羽と劉邦〟作戦」(Operation "Liu Bang and Xian Yu")

と呼んでいます（英語では両者の名前の順番を逆にして言う方が普通なようです）。

項羽と劉邦は、ともに古代中国の有名な武将です。

彼らが生まれた時代は、それまでバラバラの小さな土着的勢力がそれぞれのやり方で統治していた中国全土を秦の始皇帝が圧倒的豪腕で統一した時代です。度量衡（長さや重さを測る単位のこと）や車の幅の統一などが強力に全土で推し進められたことを考えると、**その当時なりの「グ**

ローバリズム」が一気に進んだ時代だと言ってよいでしょう。

その後、始皇帝が死んだことで秦の強力な統一力がゆるんでくると、楚漢戦争と言われる戦争時代となります。項羽の楚や劉邦の漢以外にも色々な勢力が各所に乱立し、お互いに争いながら新時代の覇権を争った結果、最後に劉邦が勝って、「漢字」「漢民族」などの言葉にいまだに残る有名な「漢王朝」を打ち立てます。

この時代は、項羽と劉邦のお互いのキャラクターが対照的に大きく違っていて、またあまりに古代なので人間の本能がムキダシになったような魅力的な登場人物が多く、彼らがやることに容赦がなくてダイナミックであることなどから、歴史ファンも多い時代です。私も個人的には中国史において、「三国志時代」「清朝の勃興時代」と並んで好きな時代です。

詳しい方には今更な知識ですが、項羽は即断即決の圧倒的な「強いリーダー」です。やることがとにかく常に明確で曖昧さがなく、迅速な行動と圧倒的な勢いで目の前の敵を粉砕します。味方となった存在への熱い情愛で多くの人に愛される一方、敵となった存在へは全く容赦がなく、勝敗を決した後に何度も敵方を皆殺しにしたことで恨みを買い、それが最終的な敗因となっていきました。

一方の劉邦は全く頼りない。地方のお調子者のヤクザが混乱のドサクサで流れ流れて出世したような存在です。最初は地方の小役人をやっていたのですが、そういう仕事は実際には全然できない。酒好きで女好きで行儀も悪い。戦争も決して上手いとは言えず、項羽には何回も敗北し

（というか最後の戦い以外は全部負けたと言って良いぐらいです）、目の前に這いつくばって命乞いをしたこともあります。

もしあなたが紀元前3世紀の中国にいて、項羽と劉邦にそれぞれ会ったことがある人だったとしたら、「いやそりゃ当然、項羽が勝つでしょ。何言ってんの？」と思ったはずです。

しかし、結果は〝最後には〟劉邦が勝った。

その理由は何か？　それは、もう一度図0-1と図0-2を見直してみてください。

当時なりのグローバリズムが急速に進んだ中で、過去の習慣で「この地域ではあの血筋の人がリーダー」といったような合意形成が一気に難しくなった結果、真っ先に優位に立ったのは項羽のような「単純明快で強いゴリ押しのリーダー」でした。そのおかげで当初は連戦連勝だった。

しかし、そういう「ゴリ押しのリーダーシップ」は、「逆側に強大な敵」を作ってしまいます。

結果として、当初はどうも決断力に欠けて頼りなかった劉邦が、「アンチ項羽」的な勢力を一切合切吸収していくことでどこまでも大きくなり、結局「次世代の覇権」を取ることができたのです。しかも、歴代中国王朝の中で（数え方にもよりますが）最も長続きした「漢王朝」を打ち立てることができました。

これから10年、20年の日本は、この「劉邦のような戦略」で向かうべきです。

今はまだ「項羽のような戦略」を取っている存在が目立って成果をあげている（ように見える）時代ですよね？

しかし、その方向に日本が無理やり向かおうとしても、「世界で最も空気を読んでしまう国民」の我々が、「インディアンを虐殺した更地の上に理屈だけで打ち立てた某国家」だとか、「日本だとほんの地方都市ぐらいの規模しかないから思い切ったことができている某都市国家」みたいなことができるわけがない。

「できるわけがない」「できるわけがない」「できるわけがない」!!

あなたも、ぜひここで「できるわけがない」という言葉を四回ぐらい言ってみてください。

そう、「できるわけがない」んですよ。人間、向き不向きってもんがあるんですよ。向いてないことを無理やりやろうとしたって、とにかく苦労ばっかりかかっても成果はでないし、「向いている人」に軽々と追い越されていくしで、とにかく本当に世の中で一番やってはいけない罪深いこと、一種の「神への冒瀆」こそが「向いてないことを必死でやること」なんです。

いやもちろん、今カリスマ的なリーダーに率いられた企業で毎日充実して頑張っておられるあなたはいいんですよ。

そういうあなたやあなたの周りにいらっしゃる方をドロドロの日本的コンセンサスに無理やり押し込む必要はありません。しかし、そういうリーダーシップのあり方は、国全体から見て「局所的」だから成立しているんですよ。

詳しく言うと「(自分たち以外の) ああいう古い日本みたいなのじゃ駄目だ」という危機感を結集軸として成立しているので、逆側に「古い日本の共同体」が大量にあるから「ほんの一部」で成立させることができる例外なのです。それでは「局所的成功」はできても、日本人全体が関わってくるような大企業や地方やましてや国の運営はできないんですね。

我々は、何に「向いていないか」についてもっと真剣に向き合わなくてはならない。でも、その「日本人は何に向いていないのか」の徹底的な追求の結果からこそ、「本当のオリジナルで一貫した戦略」というのは生まれるのです。

そして、「国全体」のレベルで「自分たちの本来性」が自然に発揮できるようになれば、現在既に果断速攻型の行動パターンで成功し、「古い日本的なもの」を苦々しく思っている方々も、今のように「あちこちから足を引っ張られる」ような感じ方をしなくて済むようになるのです。だからこそ、我々がやるべきことは、長期的な視野に立って、「劉邦の道」を行くことなんですよ。

そうすれば、図0‐1と図0‐2の違いが、大きく効いて来るようになります。1つにまとめたものが図0‐3です。

真ん中あたりに「2013年はだいたいこの辺りの状況」と書いてあります。「項羽の道」に陰りが出てきて、「劉邦の道」が徐々に上り調子になりつつあるポイントです。まだまだ「項羽の道」の方が輝ける時代(今の時代大活躍している存在がいるとすればそれは間違いなく項羽的存在と言ってよいぐらいでしょう）ですが、この両者のグラフは徐々に交差していきます。

そして重要なことは、いざこのグラフが交差しはじめると、「項羽側の道」を進んで成功していたプレイヤーたちは既に「項羽側の論理」に自分たちのあらゆる部分を最適化してしまっているので、どれだけ頑張ってももうこの「易姓革命の構図」から抜け出せなくなってしまっているということです。

これぞ、年間3万人の自殺者を出しながらも決して具体的で明快な打開策など出せずにただただ落ちるだけ落ち続けてきた20年間の間に日本人が秘密裏に培ってきた、「死中に活を見出す」無意識の大戦略なのです。

見るがいい世界よッ!!　この日本の圧倒的深謀遠慮をッ!!　この日本はなにからなにまで全て計算ずくだぜェー!!（ほんとは違うけ

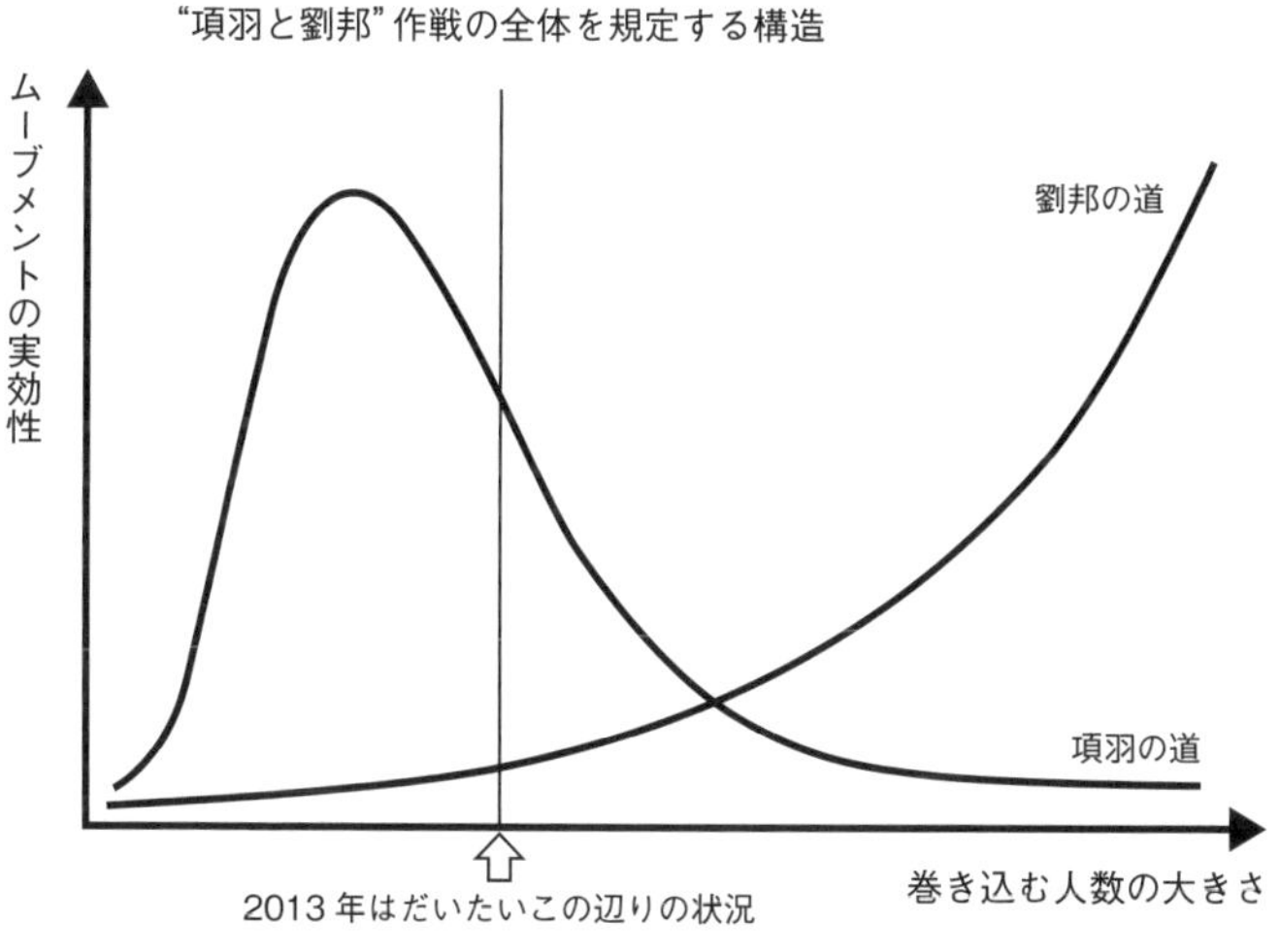

図0-3　「空気を読まない社会」の場合と「空気を読む社会」の場合を重ね合わせた図

ど〝項羽側の人たち〟が悔しがるように胸をはってこう言ってやりましょう）

ここまで無意識のレベルまで総動員した本能的な打開策など、あの賢い賢い「項羽側」の国々にはとてもできません。なぜなら彼らは頭いいし決断力も行動力もあるからねぇーー。僕らはそういうとこほんんまにあきまへんからなぁーー。いやー20年間苦しかったねえー。

そろそろ、「お、日本案外イケるかも？」と思っていただけたでしょうか？　今はまだそうなっていなくても、本書一冊を読み終わったころには「ソノ気」になっていていただければと思います。

過去20年日本が不調だった「原因」こそが、これからの「成功の原因」となるのです。怖気づかずに、胸を張って前に進みましょう。

晴天を誉めるなら夕暮れを待て

何度も言うように、これは「アメリカのやり方」「グローバリズム時代に適合したやり方」を、全部拒否しろという話ではないのです。そうではなくて、「アメリカのやり方、グローバリズムのやり方」を「ゴリ押しに国内で押し切ろうとする」ような方向が終焉を迎えるということです。

本書でさまざまに詳しく検討していきますが、**「論理・主張」のレベルで見ると180度対立しているように見える色んな論点も、「現実」レベルで見ていくと、結局「みんなのため」にな**

ることは1つだけ、「ど真ん中の道」であることがわかります。

そして、「押してダメなら引いてみな」や「北風と太陽の話」的な意味で、その「合意形成プロセス」を丁寧に実行していくことによって、**実際には「最善の配慮と最速のスピードによって」、グローバリズムへの対応も実現していけるようになる**のです。

これは、アメリカで生まれた「自動車の大量生産システム」を、大雑把な彼らにはできない圧倒的な高度さまでに日本人が完成させた……というような物事になぞらえられる、「我々の十八番、得意中の得意なこと」をやればいいだけの話です。

無駄な罵り合いを超えて、「本来みんなのためにある本当の合理性」をどれだけスムーズに具現化できるか。それがこれからの日本のチャレンジなのです。

終わりのない経済学の派閥論争は、「頭の良い国」に任せてしまいましょう。我々は常に現地現物の手触りに徹底してしがみつき、そして世界のどこにもできない新しい知見を、「徹底したボトムアップ」で作り上げるべき使命を持った国なのです。

そして、我々が「劉邦の道」をこれから行く時にぜひ覚えておいて欲しいことは、「項羽的存在」への「敬意」を忘れないことです（これは、その敬意が無ければ本当の意味で劉邦の道を行くことなどできないというぐらい大事なことです）。

リアルタイムではそれほど好きでなかった「CHAGE and ASKA」さんが最近私はとても好きで、昔は知らなかった色んな曲を聴きまくっているのですが、その飛鳥涼さんのソロ曲に「晴天を誉めるなら夕暮れを待て」という曲があります。

これは本当に名曲だなあ……と思うので、ぜひ聴いてみてください。その歌詞にこういう一節があります。

沈みかけの太陽　見つめたら　許すようにうなずいて
振り返らない覚悟で　ついでのような角度で　誉めりゃいい

ある意味、項羽がいなければ劉邦なんて、田舎のどうしようもないアブレ者で終わったはずです。

項羽が強烈にその強みを発揮してくれればくれるほど、「人工的な無理やりさ」がどうしても取りこぼしてしまう「本当の自然のリアリティ」が逃げ場を求めて一箇所に集まってくることで、劉邦に大きな力を与えていったのです。まさに「柔よく剛を制す」。この言葉の本当の意味を、世界中に教えてあげることこそ我々日本人の使命ではありませんか。

同じように、今をときめく「項羽の道」のスターたちは、そして「グローバリズム」そのものは、次世代の「劉邦の道」を行く存在を後押ししてくれる、「ミクロに見れば天敵だが、物事を歴史的に最大限に大きく見れば最大の味方」という存在なのです。

「グローバリズム」に対して恨み骨髄に徹している方もいらっしゃるでしょう。ひょっとすると本書の読者のうちのキッチリ半分の方はそう思っておられるかもしれない。

しかし、我々が粛々と「劉邦の道」を進む時、いずれあなたは私の真意を理解していただけるでしょう。

その時に、我々は「沈みかけの太陽」としての「項羽の道」を、「許すようにうなずいて」あげるべきです。

そして、もう自分たちは自分たちの道をどこまでも極限的に突き詰めて行くだけだぜ……という「振り返らない覚悟」を持って、そして両者の力関係が今まさに入れ替わっていく瞬間に「ついでのような角度」で眺めながら、今まで長い間この混乱した世界の中に、賛否両論はあれどとりあえずは明快な基準点を世界に提示し続けてくれた存在に対する〝ねぎらいの気持ち〟をもって「褒めてあげる」のです。

なぜそれが必要なのか？

なぜなら今の時代を一言でまとめると、

「アメリカ的な秩序」の限界は誰もが理解しているが、かといって「次の秩序」を形成してくれる存在がどこにもいない結果、「アメリカのことは確かにムカつくんだけど、テロや戦争が世界中で起きている世界よりはマシ」という袋小路に陥っている

のだと言えるからです。

グローバル金融システムは確かに人類全体の「みんなのほんとうの幸い（by 宮沢賢治）」から見ると、現状では色々と問題があるのは確かだ。しかし「ウォール街を占拠せよ」とデモをしている人に、この複雑緊密に結びついた世界を毎日滞りなく運営できる実務的なスキルがあるのか？というと無い。じゃあどうしようもないじゃないか……となってしまう。

これは、20世紀のほとんどの共産主義政権が、キューバみたいな小規模で牧歌的な規模ならともかく、もっと巻き込む人数が増えてくると最終的には大虐殺と大飢饉をまき散らしてヒドイ結果になった反省を、人類が乗り越える挑戦でもあるのです。

つまり、

この「項羽と劉邦」作戦を完遂して、世界のどの国に対しても圧倒的に「勝利」することは、結果として「人類のあらゆる存在」に対しての「貢献」となる道なのです。

そして、

日本がこの「劉邦の道」で成功することは、その結果を「アメリカ」を通じて「21世紀で最もクールな社会運営のあり方」として広げてもらうことで、「世界中のあらゆる人間が劉邦

の道の安らぎの秩序」の中で生きていける道を開くことでもあるのです。

「誰がやるの？」「俺でしょ！」

さて、ではこの、「柔よく剛を制す」の劉邦の道を完遂するのは誰でしょうか？

それは、我々日本人なんですよ。まさに「俺〝ら〟がやらなきゃ誰がやる」の世界じゃないですか。

これは、「今まさに古い時代からの伝統的共同体のエネルギー」で経済発展している新興国にはできないことだし、アメリカ本体にも決してできないことです。ヨーロッパにはひょっとすると可能性があるかもしれないが、彼らは自分たちが生み出した文化が世界を制覇している分、日本みたいに一回はもうどうしようもないほどグダグダになってしまう前にちゃんと社会の自省力が働いて「旧来のパラダイムの内側だけで」なんとかしてしまいがちなところが、**逆説的ですが日本にとって有利な点です。**

欧州諸国には、日本みたいに「欧米由来の世界観で統一された世界で長いこと〝唯一の非欧米の先進国〟でいる」という矛盾に苦しみ続けたあげく、さらに一回国全体を爆撃されて焦土にされて原爆まで落とされて憲法を押し付けられてアメリカの言いなりになって60年間アクセク生きてきた経験がない。自分たちの伝統が根こそぎに踏みにじられても、それでも笑って何事もなく明日を生きていかなくてはならない苦しみを味わい続けてきた経験がない。

だから日本のように「根こそぎ一回ダメになりきる」ことができない。歴史的にずっと一貫してきて踏みにじられたことがない自分たちの社会の「良識」を、根こそぎ否定してやり直すということができないからです。

さあ！　この20年間世界中にバカにされながら苦しんできた日本の苦しみが、「無駄」ではなかったということをこれから彼らに教えてやりましょう。

日本経済は腐っても世界第3位の規模があり、内需比率も非常に高い。自分たちさえ「ヤル気」になれば、他のどこにもない独自性を一貫して追求していける条件は揃いに揃っているのです。

最近、日本では「いつやるの？　今でしょ？」というフレーズが流行っていますが、私はこのところよく「誰がやるの？　俺でしょ!!」を合言葉にしたいと思っています。やっぱり今の時代、どうしても大きなことは他人任せにして、自分は小さい範囲のことでキュウキュウとしながら、大きなことをやろうと苦労している人を無責任に批判してるだけ……という方向になってしまいがちですからね。

でもね、「時代の覇権を取る劉邦の道を進む」のなんて、世界のどっかの賢い賢い国がやることで、自分ら日本人にはそんなん無理ですわいな……とか呑気なことを言ってられる時代じゃないんですよ。

結局この「劉邦の道」を進み、「アメリカからの精神的自立」を果たさない限り、今度は次世代の覇権どころか、結局内輪の争いでどこにも進めない袋小路のまま日本は衰退するしかない運命にあるわけですから。

「次世代の覇権を取りに行く」か、それとも「どこまでも衰退するか」、今の日本は中間がない二者択一の状況に陥っているのです。

いいですか？　この「はじめに」の最後に、一つあなたに質問をします。大きな声で答えてくださいね？

「劉邦の道」を進んで柔よく剛を制し、21世紀の新しい覇権を握るのは、どこの国なの？

…

「日本でしょ！」

第1章
最速の改革は、むしろ「横綱相撲」から始まる!!

ところでおまえ相撲好きか？
とくに土俵際のかけひきを！
……手に汗にぎるよなあッ！
（『ジョジョの奇妙な冒険』のセリフ）

コンサルティングプロジェクトが「嫌ぁな」感じになる時

私は外資系と、そして純和風のコンサルティング会社の両方で、「会社」の外側から経営のアドバイスをする仕事をやっていました。

その両者は真逆と言っていいほどに雰囲気の違う会社でしたが、しかしどちらにも共通して「成功したなあ」というプロジェクトと、「イマイチだなあ」というプロジェクトには、ある典型的な雰囲気がありました。

やはり一番良くないのは、**他社（他国）の成功事例を持ってきて「なんでアンタらこれができないんですか？」と脅しにかかる仕事**です。これは、まずやってて険悪になって雰囲気が良くないし、実際計画倒れになりやすいし、無理押しにコンサル側が押し込まないといけないから沢山説得のための壮大な理論やら調査やらをデッチあげないといけないし、とにかくコンサルをする側もされる側も徒労感だけが残ります。

外資コンサルなら、「グローバルベストプラクティスに比較して御社はこの点が弱い。そんなことで今後勝ち残っていけると思ってるんですか？」みたいな感じで徹底的にゴリ押ししていく感じのプロジェクトです。和風のコンサルティングなら、競合他社の店舗とかを徹底的に実地調査して物凄く長大なチェックリストを用意し、「隣の会社ならできてるこれがあなたのところはできてません」みたいなのをたっぷり何十項目も指摘したあげくに「そんなことで本当にお客様に誠意を持った対応をしていると言えるんですか？」みたいなことをネチネチと吊るしあげていくような感じのプロジェクトです。

これは、必ずしもそのコンサルが無能だから……というわけではないんですよね。

むしろ、コンサル仕事は「受注の段階」で9割決まってしまっていると私は感じています。

要するに「信頼関係」が無いところで、でもコンサル側が数字を上げたいから無理に取った仕事とかだと、「どうだ！　俺たちはこんなに色んなことを知ってるんだぞ!!　だから俺たちの言うことを聞いてりゃいいんだ」的なアピールを必死でしなくてはいけなくなるので、どれだけ有能なコンサルタントであろうと、その方向で「大人の事情」を押し切るしかなくなってしまうんですね。

むしろ本質的な洞察力が高い人ほど、このプロセス自体が苦痛になってしまって身動きが取れなくなり、結局最初に掛け違ったボタンがどうしても外せないままになってしまうことが多いんですよ。

「長所伸展」がなかなかできないのはなぜか？

船井総研の創業者、船井幸雄氏が「長所伸展法」という考え方を提唱しておられます。

これは、単純に言うと**「その会社・その個人の「長所」を伸ばしていけば全てが上手く行き、**

そのうち短所は気にならなくなるんだ」という発想です。

で、物凄く本質的なことを言えば、その発想は正しいんですよね。

私は彼の著書を読んで、その発想に何か「外資コンサルの世界」を超える可能性があるんではないかと思ってわざわざ入社し、色んな「船井流」のコンサルティングを学ばせていただきましたが、確かに「本当に凄いプロジェクト」はまさに「長所伸展」という形で成功していましたし、諸先輩方に本当に沢山のことを学ばせていただいたと思っています。

ただ、外資コンサルでも、「本当に成功」しているところはまさに「長所伸展」的に成立しているプロジェクトだったように思いますし、先ほども言ったように、「和風のコンサルティング会社」だからといって何から何まで「長所伸展」にできているかと言うと全然そんなことはなくて、むしろ「長所伸展という旗印のもとで、実質的には徹底した短所是正主義のプロジェクトが行われている」例も多かったんですよね。

なぜこの「長所伸展」というのが難しいかというと、その対象の「長所はなんだろう？」という問いに対する答えが思ったほど簡単にはわからないものだからです。

よくある失敗は、「たまたまちょっと評価されてる部分」とか、「その存在にとってあんまり本質的ではないんだけど、たまたま今時流に乗ってる別の何かに似ているからトバッチリでスポットがあたっている部分」とかを「長所」だと捉えてしまって、それを無理押しに拡張しようとしてしまうことです。

これはね、「コンサル」の立場だとか「評論家」の立場だと、なかなかわからないものなんですよ。プレイヤーになって初めてわかる。

たとえば、物凄く単純に数字的なものだけを見て、「今後の予想市場規模だとか過去5年間の損益計算書」みたいなものでゴリゴリと押し込んで行くと、「なんでこの分野を捨ててこの分野に集中しろっていう単純なメッセージがこいつらにはわかんないの?」的な気持ちにコンサルは簡単になってしまうんですよ。

でも、その「予想市場規模とか過去5年間の損益計算書」からの知見っていうのは「反論しづらい」だけで「真実だ」ってわけじゃないですからね。

「予想市場規模」なども、一緒くたに見えている市場をまとめてしまっているからそうなっているだけで、その中でも「ココなら自分たちだけの強みが活かせて、新しい広がりも期待できるから徹底的にやっていけばいいんじゃないか」みたいなところから攻めていけば、いくらでも「自分たちだけの新しい絵」が開けてくるものなのです。

もちろん、ただ単純にずっとやってきた「愛着のある分野」から離れたくないとかいうだけの話かもしれないですが、「たったそれだけのこと」ですら、数ヵ月たったら次の別の仕事にホイホイ切り替えていけばいい(切り替えなくてはいけない)コンサルとは違って、「本当に実行する側」というのは深く心身を没入して毎日毎日真剣にそれをやらなくちゃいけないわけですから、「愛着」とか「馴染み」とかだってパフォーマンスに重大な影響があるわけです。

〝客観的〟に見ると1しか可能性がないけど習熟度は完璧な事業Aと、〝客観的〟に見ると可能性が10あるように見えるけど習熟度がゼロに近い事業Bでは、一概にBを選ぶのが正しいとは言えない時もありますよね？　そして、「客観的に魅力がありそうな市場B」に注目している存在は世の中に腐るほどいるので、結局実際にやってみたらなかなか大変だったりもするんですよ。

コメダ珈琲店と「コンフォートの時代」

少し具体的な例を考えてみましょう。今、野心的な出店を繰り返していて各種メディアによく取り上げられているコメダ珈琲店をご存知でしょうか。

私は結婚した2007年から、妻の実家がある名古屋に住んでいるので、その頃はまだ中京圏以外にはあまりなかったコメダ珈琲店にもよく行っていました。ここ数年は1年に数十店舗のペースで新規オープン、14年以降はなんと毎年100店以上のペースで増やしていく計画だそうです。

コメダ珈琲店の良さというのは、少し言葉にしづらいところがあります。コンサルが良くやる二軸に何かをプロットして「ここが高価格帯、ここが低価格帯、そしてココが空いてるんですよ!!」みたいな表現がしづらいんですね。

まずコメダ珈琲店はあんまりオシャレな店ではありません。「エクストラコーヒーノンホイップダークモカチップフラペチーノ・グランデ」とかいったステキな名前の商品もありません。シロノワールというボッテリしたスイーツが看板商品なんですが、それはデニッシュパンの上にドッカーンと大量のソフトクリームがこれでもかと載っていてさらにメープルシロップも付いてくるシロモノで、しかもそのクリーム部分のソフトクリームは、アイスココアにもクリームソーダにもティーフロートにもクリームコーヒーにも珈琲ジェリーにも同じものが入っていて、メニューの多様さという点では他の喫茶店の後塵を圧倒的に拝しています。

コメダの良さを今風のクールな言葉で言うなら、「コンフォートさ（快適さ）」の徹底追求……ということになるかもしれません。

最近、「フィガロ・ジャポンマダム」とか「カーサブルータス」風の〝ワールドワイドでハイセンス〟な雑誌でよく特集されているんですが、ニューヨークのブルックリンやサンフランシスコのような「クールでヒップでロックなハイセンスタウン」では、ブランド信仰的な虚飾を排した「コンフォートさ（快適さ）」の追求こそが「一番カッコイイ」ことだと評価される風潮が出てきているそうです。

その辺りの事情について、菅付雅信さんという方が『中身化する社会』という本を私の前著と同じ星海社新書から出しておられるので、興味がある方はご覧になっていただければと思います。

具体的に彼らがやっているのは、「地産地消的に近所の顔の見える契約農家から入った有機野菜で作ったサンドイッチ」だとか、「あえて工場跡のような建物をそのまま使った店のざっくばらんな魅力」といった世界で、どうも私には、それはまた次の〝こういうのがヒップ〟というブランド信仰に乗っかってるだけじゃないかという気がしないでもありませんが、とにかくこういうムーブメントが今世界中で、「インターネットやSNSの普及の結果」として起きつつあるということは確かなことのようです。

菅付雅信氏の本は、そういう根底的な価値観のレベルで言えば、私とは意見を異にしていますが、今日本以外の先進国のある種の人たちの明確な潮流としてそういうものがあるんだということを、色んな具体例から知ることができる本としては非常に良い本だと思うので、もし機会があれば手にとっていただければと思います。お、日本ってこの世界は本来めっちゃ得意なんじゃないの?という希望が生まれるはずです。

考えてみれば、「虚飾を排する中身化した社会」といえば、我らが日本人の得意なところじゃないか……なはずですよね。

そこには20年間のデフレ経済の洗礼をナメんじゃねえぞという世界があります。そして中でも「お得」大好き我らが名古屋人の非常に自慢とするところであります。

シロノワールには、「中身化する社会の〝コンフォート追求〟のお手本」みたいなものがあると思いませんか。

「呪文みたいな名前のメニューぎょうさん作ったりしたら、どえりゃあお金かかってまうで

かんわ。それよりそこそこの値段で今日はがっつり甘いもの食べたなーって思えるんが一番ええでしょー？　ならこれでええがね」

という「名古屋人のホンネ」が聞こえてきそうです。

コメダのソファーはとにかく座りやすくて長居できるようになっています。その「座りやすさ」「くつろぎ」感は徹底的に研究されているらしく、本社の会議スペースも同じソファが使われているそうです。また、コーヒーも結構美味しいと思います。ガンコ親父がやっている単店舗で一杯千円以上のマニア店には負けるかもしれませんが、もうちょっと高い店も含めてチェーン店のコーヒーでは〝勝っている〟とは言えずとも〝負けているところ〟はないと思います。

その「コンフォートさ」を徹底するために必要なところにはふんだんにお金をかける反面、先述したようにあらゆるクリーム系のメニューは同じクリームを使っていますし、サラダの野菜とサンドイッチやハンバーガーの具、トーストのパンとサンドイッチのパンなどで徹底的に同じものを使い倒すことで廃棄材料を減らしてコストカットし、「そこそこお得な値段」を実現しているのです。

日本中どこに出店する時も同じデザイン・同じ材質の建物であり、そのログハウス風の建物はあえて古くなればなるほど「味」が出る材質で作られているから改修費用も出さなくていい……みたいな細かい工夫は、あげればキリがないほどあります。

もちろん、「コメダ」と「有機農法のサンドイッチの世界」には「目指すビジョン」に大きな違いがあるように思えますが、大事なのは「ほんの一部の人たちが潜在的にその他大勢を見下すことでギリギリ成立させている最先端の文化」だけでは、結局人類の多くをその「あたらしい世界」に連れて行くことはできないということなのです。

ほんの一部の最先端を行く人だけが超絶的に「健康的」な生活をし、シーソーの逆側に物凄い破滅的な肥満を抱える人が量産されるようなシステムには未来はありません。

その「有機農法のサンドイッチの世界」が「あたらしい文化」を提示していくこと自体は大事なことだし、彼らは彼らの「使命」を果たしていると言えます。日本でも代官山だとか表参道のような各都市の一番のハイセンスタウンでは、似たような「提示」が行われているでしょう。

ただ、それを「他の大勢の〝普通〟」と繋いでいけるのかどうか、それが今の人類にとって大きな課題だし、「コメダ的なもの」に現れる「日本の一番良い部分」がこれから果たしていくべき大きな貢献がそこにはあるのです。**「最先端のもの」と「普通の人の世界」を、途切れなく連続的に「共感関係」で繋いでいけるかどうか、そこが「日本の密度感」が21世紀にあたらしい可能性を切り開くカギなのです。**

「積み上がってできた一貫性」と「〝理屈疲れしてくる〟ような人工的な一貫性」の差

コメダみたいな「一貫性」があればね、他の地域にも出ていけるんですよ。地域ごとの特性に合わせて細部は変えてもいいけれども、「自分たちのコアヴァリュー（その存在の〝核となる一番重要な提供価値〟というような意味です……コンサル風な用語ですが）」がシッカリあるからブレずにいられる。

そしてこういうコアヴァリューは、実際に発展させきって具現化するまでは、「客観的な数値指標」に物凄く弱いんですよね。たとえば座席にゆったりとしたスペースを取っているので、平方メートル／営業時間あたりの売上なんかではかなり不利な構造になっているんですが、それをコンセプトの違う他の店と単純比較すると、「（本当の）長所を潰す方向の議論」にしかならない。

いや、もちろん「数字で分析する人」の中の「一番良質な人」は「本当のコアヴァリューを数字の議論で引き上げてくれる」んですけど、問題はそういう人の尻馬に乗って暴れる「数字に使われている人」が色んなものを踏みにじりまくっていることです。

また、コメダのような形態は、誰か物凄く〝切れ者〟な個人が「空気を読まずに豪腕でエイヤーと作ったもの」とも全然違うんですよね。名古屋にはユニークな喫茶店文化があり、コメダすら「チェーン店」過ぎるから行ったことがない「自分のお気に入りの一店」をそれぞれ持った多くの名古屋人たちの生活の蓄積が、「やっぱ喫茶店はこうなってるほうが楽ちんだよね」という「有形無形の豊かな基準」を作り出しているのです。

それは、コンサルや、あるいはもっと言うなら学生のビジネスプランコンテストでよく出てくるような、「徹底した低価格帯のコンセプトで」みたいな、ユニクロ型（本家のユニクロはユニクロでもっと生身の蓄積でやってきている部分も多いのでこの言い方は失礼なのですが）のビジョンとは大きく違うんですよ。

話が少し飛びますが、最近、昔はほんの小さな商品を買っても超巨大な共通のダンボールに入れて配達されていたインターネット通販のアマゾン・ドット・コムが、いつの頃からかモノの大きさにキッチリ合わせた包装で届くようになったことに気づきませんか？　あれは、ある日本の自動車会社で長年物流に関わっておられた方が、その「基準」を持ち込んで改革して成功したという話を、その自動車会社で働いていた友人から聞きました。

また、日本マクドナルドも、店舗内の「マックカフェ」ができたころ、私は周囲の色んな友人から「マクドのくせに案外ウマい。ありえん。なんかオカシイ」などと好い評判を聞きましたが、あれも実は、ある日本の伝統的なコーヒーを扱う大企業から転職した人が牛耳って動かしたからなんだということを、そのコーヒー会社にいる友人から聞きました。

しかし一方で、ここ最近はとにかく現場や来店客に対して、「カウンター上のメニュー撤廃」や「60秒以内に提供できなければ無料」キャンペーンなどを押し出していく感じが不評で、多少

「理屈疲れ」というような症状を日本マクドナルドは起こしているように私は感じています。

もちろん、現場的に不評でも経営数字的に合理性があり、その結果として会社の全体最適になる方策というのはいくらでもあるんですが、最近は純粋な数字的にも苦戦と聞きますし、ネット上に現場の働き手や消費者の不平不満が溢れかえるというのはやはり相当なことですし、何より彼らの次々に打ち出す施策が、

「紋切り型の理屈を全部一度忘れて、ジックリ様子を見極めることに集中すればいいのに、アレコレ考えすぎて浮ついた対策を乱発してしまう感じ」＝「理屈疲れ」

の特有の症状を起こしているんですね。

つまり、「生身の蓄積からできた骨太の方針」に対して「強引な改革的手法」で長く仕事をしていると、だんだん「理屈先行型の社風」になり、「理屈先行型の人間ばかり」が集まるようになり、だんだん「昔からいる口下手だけど現場に深い感覚のある人間」が居づらくなってきて社風が変質し、「理屈疲れ」とも呼ぶべき特有の症状が出てくるんですよ。

特に日本において、「グローバリズム側」の立場から落下傘的に経営側に就任するタイプの人がいた場合、「その組織の惰性的なもの」を壊して、「その分野のプロ」のような人を招聘(しょうへい)して思う存分力を振るわせる……という「第一段階」において大きな成果を出すものの、その後その

「組織の惰性を壊してしまった」がゆえに「その先へ自然に繋がる密度感」も一緒に破壊されてしまうことで、「理屈疲れ」的症状を引き起こして鳴かず飛ばずになってしまう例はかなり共通して見られます。

その「前半部分」において「惰性を超えて最善なものを選びとる力」を導入するプロセス自体は今の時代にどうしても必要なものなので、全否定しようとしても無理なんですね。

だからこそ**「横綱相撲の姿勢」**を「組織側」が取れるようになり（横綱相撲については後で詳しくお話しします）、「あたらしい方向性を取り入れることと共同体の密度感を維持することの両取り」が必要になってくるんですよ。

私は現マクドナルド社長の原田泳幸氏のことが、面識はありませんが著書やインタビューを通じた印象としては結構好きなので、マクドナルドが現在の「理屈疲れの危機」を乗り越えて、消費者や現場にとっても「おお、良いじゃん！」と素直に思ってもらえるような施策の実行に戻っていけるように願っています（……と原稿を書いた直後に彼の退任のニュースが流れていました。彼の次のステージでの活躍を祈るとともに、日本マクドナルドの再度の飛躍も祈っています！）。

こんなことは、生身な仕事をしていれば誰だってわかること

実はコメダ珈琲店の話は、数ヵ月前にあるビジネス誌の取材で、名古屋までライターさんが来

られてコメダでインタビューを受けた時に、その場でアドリブ的に話した内容を元にしています。日本のマスコミというのは、定期的に「今はこの人・この会社のことを徹底的に褒めておけばとりあえず間違いない」的な流れが起きては消えていく性質があるんですが、最近は一部に結構「コメダを褒めときゃ間違いない」的な風潮があるらしく、取材に来てくださったライターさんも「おお！　これが本場のコメダ!!」などと感心されていました。

一つ面白いなあと思ったのは、私は「取材されて一方的にこちらから話す」みたいなことが苦手で、二人で話しているならお互い均等ぐらいには話したいタイプなので、その場ではライターさんの「フリーライター業」をネタに、コメダの話をスパイス程度に話していたんですが、結果としての記事はやはり全て「コメダの話」になってしまっていたんですね。

もちろん、そうやって時代時代の「これを褒めておこうという風潮」があることが、日本全体に「ちゃんとみんなで連動できる力」を与えているので、決して不平を言っているわけではないんですよ。むしろ、あんな好き放題の雑談しかしなかったのにちゃんとキレイな記事にまとめてくださったプロの技に感服したというぐらいで。

ただここで私が強調したいことは、私がそのライターさんと「フリーライター業」について話して盛り上がったように、

「生身な仕事」を毎日やっている人なら、「理屈疲れの危機」のことなどは自分のこととし

てみんなわかっているはずなんだ

ということです。

「生身な仕事」というのは、「現場的な反応が沢山返ってくる種類の仕事」であるために、理屈に頼れない「自分で決めなくちゃいけないことが沢山ある仕事」というぐらいの意味だと思ってください。

フリーライターは自営業ですから、自分の決断で自分が選んだ仕事をしていきます。特にお互いに「わかるわかる！」ってなれたのは、

「数字に今繋がってるけど将来に繋がらない仕事と、今はあんまりだけど芋づる式に仕事に繋がる仕事があるじゃないですか？」

という話になった時で、「いやーほんとそうですよねー」とおっしゃっていました。

前々から、辞めたい辞めたいと思ってるタイプの仕事があって、それをやっているとそれなりの数字に繋がるんだけど自分はやりたくない。でも、自分にあっているなあ……という仕事をやっていれば、結果もついてくるから自然と次々声がかかってくるから仕事に困ることはない。

そういう感覚は、「生身な仕事」をしている方なら誰でも経験があるのではないでしょうか。

そのフリーライターさんの女性も、

「なんせ私は自分で一個まるまる企画をたてて自分だけでやるのが好きで、あんまり細かい分担を他人とやったりするのが嫌いなんですよね。だから今の職場で雑誌全体の第二企画をまとめて一個請け負って、数ヵ月かけて一人で完成させるペースでやるのが本業なんですよ。第一企画だったらちょっとページ数多すぎて他人が関わらなくちゃいけなくなるんで、私はそれが嫌で辞めたというぐらいの話なんですよ。

でも、今それなりにお金になるからやっている×××（私は聞きましたが秘密だそうです）の仕事があって、でも全然気持ちが乗らないんですよ。ひょっとしたら継続的な不労所得に繋がるかもしれないみたいな下心で手を出してしまうんですけど、ほんとやってて苦痛なんですよ。どうしたらいいんですかねー？」

とおっしゃっていました。

彼女のセリフで一番大事なことは、

「将来に繋がるか繋がらないかの判断基準」が、「好き嫌い」といった主観的なものである

ことです。

「他人と一緒にすり合わせるのが嫌い」「一個の特集を丸々自分で企画して、取材も自分でやって全部自分で書いて納品したい」というのは、「主観」です。数字では表せない。というか、表面上の数字を単純に集計すると、「逆の答」が出てくることだってよくある。

でもここで、「他人とすり合わせるのが苦手なんていうようでは、フリーライターとしてダメなんじゃないか」的に「短所是正」で向かって苦手なタイプの仕事を無理やりやっていくよりも、「一個丸々企画してキッチリ仕上げたい」という「自分の癖・こだわり」を追求していった方が、個人レベルの仕事では明らかに成功します。

芋づる式に自然に次が繋がっていきますし、人脈や知識や行動規範やあらゆるスキル的なものが、その「コアヴァリュー」のために特注品的にどんどん積み重なっていくからです。

そして、物凄く大事なことがあるんですが、

この「将来のコアヴァリューの源泉」というのは、最初の段階で数字だけを見て比較すると、むしろ「切り捨てるべき対象」だと判断されてしまうことが多いんですね。

将来のあるべきコアヴァリューの源泉と「現状の見かけ上の数字」のギャップ

将来のコアヴァリューの源泉というのは、「現在の数字」を単純に比較しただけではなかなか見えてこないんです。

それはたとえば、**「どうしてもこういう作業をやってると気分が悪い。嫌いだ」といったものがヒント**になる。

純粋に「数字だけ」を見ると、その仕事は非常に「儲かっている」ということになっていることも多いでしょう。

でも、そこで「数字だけ」を見てその仕事の比率をどんどん増やしていったりすると、あなたの仕事時間はさらにその「嫌だなあ」と思う作業に埋め尽くされていくことになります。

そしてあなたはその作業を「嫌だなあ」と思いながら四六時中やり続けなくてはならなくなるだけでなく、「その作業が生来的に向いているタイプの競争相手」と競争し続けなくてはいけないという、非常に強力なハンデを背負うことになります。

こんなことをしていては、業界全体がホクホクな時はなんとか食べていけますが、ほんのちょっと風向きが変わっただけで真っ先に淘汰される特等席に座っているようなものです。

あるいはたとえば、**「数字的には一件あたり同じX円の利益なんだけど、中にとんでもなく強**

く喜んでくれるタイプの顧客がいる。こっちもこの仕事やってて良かったってぐらいの喜びような」といったようなものがヒントになることも多い。

いっそ「そのタイプのお客さん」だけにもっと徹底して喜んでもらえるような方向に動いていけばいいんじゃないか？という方向へ一貫して動いていければ、どこにもないコアヴァリューが育ってきます。

この状況は、たとえば大網で毎日魚を獲っている時に、たまーにかかるオオモノの魚みたいなものなので、単純に「現在の数字だけ」を見ると全然浮き上がってこないことが多いわけですね。むしろ単純に数字だけを見ると「手間がかかってしょうがないからそんなの辞めてしまえよ」みたいな結論に達してしまいやすい。

しかし、その「オオモノ」だけを選択的に獲れるやり方を専門的に開発できたなら話は大きく変わってきますよね？

でも、その「オオモノだけを選択的に獲れる専門の方法」を創りだすには、よっぽどの「明確な確信」が必要になります。「お、これ行けるんじゃないか？」となってから、徹底的にその対象のことを調べ、特注品的な工夫をずっとずっと積み重ねて、やっとたどり着ける世界です。しかも、たいていの場合「数字がついてくる」のは少し後になってからということも多い。

そのためには、やはりよっぽどの「確信」がないと、一貫した行動は起こせません。

巨大な家電量販店チェーンがシノギを削るカメラ販売業界で、栃木県内においては長年シェアナンバー1を維持しているサトーカメラという会社があるのですが、この会社の独自サービスは、「孫の写真を撮るためにカメラの使い方を聞きたくて、**2年間毎日（！）**通ってきた65歳のおばあさん」に対応しているうちにだんだん磨かれていったそうです。

ハッキリ言って目先の数字だけを見ていたら、いちいち2年間毎日根気良くお婆さんの話し相手になるなどということは普通できません。しかし、そういう「原体験」があればこそ、そういう「体験」を持ってもらうためのあらゆる「特注品の施策」が積み重なっていくのです。

「現場主義バンザイ！」と言っていればいいわけではない

ここまで読むと、いわゆる「現場主義バンザイ」的なことを私が言おうとしているように思われるかもしれませんが、話はそう単純ではないんですよ。

というか、**そこで「現場主義バンザイ」で終わってはいけないということこそが、本書のメインメッセージであり、私が人生かけてどうしても読者のあなたに伝えたいことであり、それこそコアヴァリューでもあると言っていいぐらいなのです。**

その理由を三行にまとめると、こうです。

その1　現場に毎日いる人が必ずしも「現場主義」ではない。

その２　数字を使う人が必ずしも「現場を知らない」というわけではない。

その３　複雑な現代社会を運営するには、数字や理屈を扱う人間の活用がどうしても不可欠である。

「その1」と「その2」については、まああまり長い解説は不要かと思います。現場にいても結局「何も見ていない」人もいる一方で、「数字や理屈にこだわる」人の中の上質な人は、「毎日現場にいる人」以上に本当に「現場」のことを理解して動くことができます。そういう人の可能性をちゃんと活かせるような社会にすることは、他ならぬ「現場にいる人」の毎日の充実のためにも大事なことだし、人間社会全体のパフォーマンスを最大化して、「あまり恵まれない立場を生きる人たち」へのサポートをちゃんと行う原資を得るためにも大事なことです。

一方で、ぜひ考えて欲しいのは、「その3」です。ここには、過去20年間以上の日本が、どこにも明確な方向性を持って進むことができない閉塞感の中に苦しんできた困難の源泉があると言っていいぐらいなのです。

この問題を端的に言うとこういうことです。

「上質な理論家」がもっと活躍できるような環境を作ろうとする試みを単純な形で実行する

と、結果として「中身の無いグローバリズムの威を借るキツネ」がのさばる社会になってしまう。

つまり、日本社会において、「上質な理論家」たちが、もっと力を振るえる社会にしなくてはならないということ自体は全く正しいことなんですね。グローバリズムの中で常に有効な形で自分たちの底力を発揮させていくためには、ちゃんと状況を知的に把握して最適な戦略を選択していける力が、社会全体に滞りなく作用することは必要なことなのです。

しかし、実際にそれを無理押しな形で実現しようとすると、むしろ「良質な理論家」ではなく、ただ自分の利益のためだけに、「外国の事例とエクセルのスプレッドシートを武器に他人を押しのけまくることが唯一の得意技」みたいな人が大量に湧いてでて、日本が持っている「自然な現場の生命力」を抑圧しまくるだけでなく、本来活躍してもらわなければならない「良質な理論家」さんたちの活動すらクラウディングアウト（押しのけて排除してしまうこと）してしまうことになるんですね。

ここにある問題は、「理論家側」「現場主義者側」の「どちらか一方」からだけ押し込んで行っても、決して解決はされない問題なのです。

これを例えると、ある部屋の温度を病人にとって問題ない温度にするためには、「もっと温度を上げるべき」という人と、「もっと温度を下げるべき」という人とがお互いの主張をぶつけ

あっているだけではダメで、

「適温にする」

という共通目標に向かって知恵を絞ることが必要になるというようなものです。

アメリカという国を全体として考えてみると、あの国では物凄く勉強のできた人材が、この世の支配者のようなパワーを与えられて思う存分力を発揮している一方、「周辺」的なところ・「現場」レベルの世界においては、もう救いようがないスラム街的世界になってしまっている両極端さが特徴ですよね？

しかし、アメリカは、ある意味「それでも良い」国なのです。いや、本来は良くないんですが、現状としては「そうであっても仕方が無いという選択をしている国」なんですね。

大学入試の時に物凄く理系の科目が得意な学生が、「もう俺は国語とか地歴科目とかは捨ててかかるぜ」というような戦略で臨むというような、そういう国なんですね。

一方で日本は、「全科目ちゃんと平均的に取れることが強み」として戦っている国なんです。最先端的な産業も、最近は微妙とはいえまあまあやっていけてる。現場的な密度感が必要な製造業は特に強いし、日本中どこにいっても「とりあえず日本人ならこれくらいはね」というレベルのベーシックな規範性はまだまだ保たれている。

何より、あの震災と大津波の悲劇の中でも治安が崩壊することなく、ちゃんと我慢強く列に並んで救援物資を受け取り、お互い励まし合って苦境を乗り切り、一年二年経てば各国のメディアが驚嘆するほど完全に廃墟を片付けて力強く復興へと歩み続けているあの「感じ」。「あれ」を失ってしまった日本が、世界に胸を張って売っていけるものなど、あるのでしょうか？

というより、「あれ」を失ってしまって、日本は日本だと言えるのでしょうか？

などと言うと、もうアメリカみたいな世界を目指すのは辞めようとか、日本人なら日本人らしく足るを知って清貧の美のもとにゆるやかな衰退の時代を楽しんで生きるべきなんだよ的な辛気臭い話になってしまいそうになるんですが、重ね重ね言うように、そうではないんですよ。

大事なことは、「理数科目以外捨ててかかってるライバル」に対して、「全科目平均的な優秀さで戦っている自分たち」が、「じゃあ俺たちも理数科目以外捨ててしまおう」的な戦略で臨んだら絶対に負けるんだ……ということです。

じゃあ「理数科目は永遠に負け続けるというのでいいのか？」

いいわけがありません。そこでも最終的には勝ってやりましょう。ただ、そのためには現状をちゃんと理解した上で、「自分たちの特性にあった専用の作戦」で臨むことが必要なのです。

ミドリムシを大量培養するには？

少し回り道に見えるかもしれない、でもとても大切な話をします。

私の大学時代からの友人に、株式会社ユーグレナという会社を創業した出雲充という男がいます。

ユーグレナはミドリムシの大量培養技術を持っている会社で、ミドリムシが原料のサプリメントやパスタなどがテレビで取り上げられることも増えているので、ご存知の方もいらっしゃるかと思います。

この十年の彼を遠くから見ていると、ずっと順風満帆であったかのように感じていたのですが、出版された彼の自伝（『僕はミドリムシで世界を救うことに決めました。――東大発バイオベンチャー「ユーグレナ」のとてつもない挑戦』ダイヤモンド社）を読むと、彼が前職のメガバンクを退職した時には、ミドリムシの将来の可能性がわかっているだけで、大量に培養する技術は全く目処（めど）がたっておらず、とにかく非常に苦労をしていたそうです。

当初は「一ヵ月かけてやっと耳かき一杯程度」しか培養できず、あらゆる先行研究者から産業化は無理だと言われ続けた中での挑戦だったそうです。

なぜミドリムシの大量培養が難しいのかというと、それはミドリムシがあまりにも栄養たっぷりだからなんですね。

ミドリムシには、カロリー以外で人間に必要な栄養素のほぼ全てが含まれているそうで、ついでに言うと培養中に大量の二酸化炭素を吸収してくれるし、ジェット燃料に最適な燃料にもなるなど、とにかく物凄い可能性のある生物なんですが、それだけの「おいしい」生物を食べたいのは人間だけではないわけですね。

なので、ミドリムシを培養しようとすると、あっという間に別の微生物たちによってたかって食べられてしまうそうです。ミドリムシに可能性があっても、ミドリムシ〝だけ〟を大量に培養するのは、物凄く難しいわけです。

結果として彼らは、ミドリムシ以外の微生物が生きていけなくなるような高い二酸化炭素濃度の環境にすることで（おそらくその他にも色々な条件があるのでしょうが）、大量培養の方法の確立に成功したそうです。

さて。

長々とミドリムシの話をしてきましたが、いったいこのたとえ話で私は何を言いたいのでしょうか？

先ほど、

「上質な理論家」がもっと活躍できるような環境を作ろうとする試みを単純な形で実行すると、結果として「中身のないグローバリズムの威を借るキツネ」がのさばる社会になってしまう

というような話をしました。

ここに、過去20年以上の日本が、どちらにも明確な方向性を持って進むことができなくなってしまっていた根本原因があるのです。

つまり、**「耳かき一杯分の成功事例」を作り出すことと、日本社会全体というレベルで自分たちの本来の力を大きく発揮させていくこととの間には、全然違うレベルの配慮が必要になってくる**んですね。

ミドリムシを大量培養するための秘訣は、「ミドリムシしか生き残れないような環境を作り出す」ことでした。

つまり、日本においてもっとちゃんとグローバリズムの中での最適な自分たちの振る舞いを判断して実行できるようにしていくためには、**「理論家」の中の「最も上質な部類の人たち」だけに選択的にパワーが与えられるような「環境条件」を整備することが必要**なんです。先ほど言ったように、この問題は「理論家側」「現場主義者側」のどちらか一方から押し込んで行くだけでは決して解決しない問題なんですよ。

そうすることで、今は混乱状態に陥っている日本の「現場の生命力」的なものが、滞りなく自然に発揮されるように持っていくことが大事なのです。

横綱相撲が取れるようにしなければ！

ミドリムシの例で言うなら「二酸化炭素が高濃度に溶けた環境にすればミドリムシだけを大量培養できる」という部分が**「必要な条件」**です。一方、「どうやって二酸化炭素が高濃度に溶けた環境を作り出すのか？」という部分が**「その環境を具現化するための技術論」**だと言えます。

まず、「どうやってそういう環境を実現するのか」という「技術論」は次の章で扱うことにして、ここではまず、「どういう条件が必要なのか」について深く考えてみることにします。

それは、第1章のタイトルでもある、「横綱相撲が取れるようにする」ことです。

相撲の世界には「後の先」という言葉があって、勢いに任せて押してくる相手の力を全てまず柔らかく受け止めてしまって、その後スキをついてコテンと転ばしてしまうのが本当の横綱らしい風格ある相撲であるという理想像があるそうです。

直感に反するようですが、本当に理想的な成功をするコンサルのプロジェクトというのは、「コンサルされる側」が「コンサルする側」に対して、かなり「横綱相撲」的に接する余裕を持っていることが成功の要件になっていることが多いんですね。

これは、コンサルが関係したような仕事だけでなく、より一般的に言って、「グローバリズム」的な状況に対してちゃんと自分たちの強みを見失わずに一歩一歩手を打っていっている集団の場合は、ほぼ全てといってよいほどあてはまります。

「横綱相撲」とか言うと、危機感が薄くて自分たちの過去のやり方にこだわり、新しい時代の変化に疎い、鈍重で時代遅れな存在であるように思えてしまいますが、実際には逆なんですね。「物凄くドラスティックな変化」を実行したように見える仕事や、過去の「自分たちを全否定」したような仕事でもそうです。

映画『フラガール』で有名になった福島県のスパリゾートハワイアンズは、もともと炭鉱業をやっていた会社が地域の基幹産業の衰退に危機感を募らせた結果、自分たちの過去を全否定どころか、ほとんど別の星の生き物みたいにイメージの違う業種に転換してしまった事例ですが、あいう転換が可能になるのは、「自分たちはここで生きていくしかないし、絶対に生きていってやる」と強く思っている共同体の圧倒的な存在感が先にちゃんとあったからです。

古い日本の大企業でも、自分たちの強みが活かせる分野に選択と集中をキッチリやって、同業種に苦戦が多い中でも堂々と利益を出している企業は沢山あります。しかし、それらの事例は、ほぼすべて「スパリゾートハワイアンズ」の事例のような「共同体の存在感」が先に圧倒的にあるからこそ、「大胆な選択と集中」すら「薄皮表皮一枚着替えた程度にすぎない」というような意識で向かうことができているのです。

韓国の財閥系の企業の中に、思い切った決断力とスピード感で大活躍しているところがあるのも、世界で特異的なまでに愛国心を大事にする彼ら特有の共同体の存在感がベースにあるからこそ、どれだけ「グローバリズム」に対する対応を押し込んでいっても崩壊しない共通了解が強固に維持できているからなのです。

要するに、本当に生命力に溢れていて自分自身の存在に自信があれば、どんな新奇なものにも懐を開いて受け入れながら自分たちらしさを新しい形で発揮していくことができる一方、自分自身の生命的安定感が損なわれてくると、ちょっとしたことでもアレルギー反応を起こして徹底的に拒否し、さらに「形としての今までやってきたこと」に固執して変化を嫌うようになってしまうというわけです。

「ドラスティックな変化」は自分自身の生命的安定感、自分自身への深い自信や納得から生まれる……という風にまとめると、この「横綱相撲の必要性」は読者のみなさんの個人的な体験のレベルでも納得していただけるのではないかと思います。

「理屈疲れ」はなぜ起きてくるのか？

ここでクドいようですが再び確認したいことは、「やっぱ現場が大事なんだよなー！」という話をしているのでは、

ない

ということです。

むしろ、日本の組織は「間違った現場第一主義」が横行する時に、「現場」と「マクロな大きな視点で物事を見る知性」との間のギャップが広がりすぎて、最も「現場にとって良くないこと」に邁進してしまう持病があるのです。

「間違った現場第一主義」が満ちていると、現場は現場で「竹槍で戦闘機に立ち向かおうとする根性論」に全員で熱中してヒドイ惨状になる一方で、「大きな視点で最適化を行う知性的な役割」の人は、「言うことを聞いてくれない現場に言うことを聞いてもらう」ために一切スキを見せられない状況に陥るため、現実を無視した過剰な理論武装をする人しか「知性を司る役職」の位置には生き残れない状況になってしまうわけです。

先ほど書いたように、「現場に毎日いる人が本当に現場を見ているわけじゃない」し、「大きな視点で物事を見たり数理的な観点から分析をしたりする人」が必ずしも「現場を見ていない」わけでもないからです。

「ミドリムシだけを大量培養できるようにするような環境整備」の比喩を思い出してください。

ミドリムシの培養の難しさは、「ミドリムシは人間にとってだけでなくあらゆる生き物にとって美味しいものなので、ミドリムシだけを培養していると他の微生物たちに食い荒らされてしまう」ことでした。

同じように、ある組織、国家や、あるいは「人類全体」というレベルでも、人間の集団が「理屈疲れ」的な症状を呈してくるのは、

「良質な知性が思う存分力を発揮できる環境は、一種の〝権力〟を伴うため、誰にとっても魅力的（特に権勢欲がある人にとって）となる。結果、その力の〝みんなのための意味のある運用〟を考えるような人のポジションが、〝ただその権力を得て偉そばりたい人〟に埋め尽くされてしまう」

ことが原因なんですね。

だから、何らかの「改革」の初期段階において、理想に燃えてそれを主導した存在というのは、「現場に毎日いる人」以上に「現場の真実」を捉えていることも多いんですよ。

先ほど、「理屈疲れ」の例として日本マクドナルドをあげてしまいましたが、数年前までの好調期間を演出した経営陣が「現場の力を引き出せる真実の知性」がなかったわけではないと考えられるわけですね。

やはり数年間とはいえ大きな成果に繋がるには何らかの真実性を捉えた施策の連続が必要だか

らです。

問題は、その「改革を実行する役割」の人が「実行するための権限」を得るために共同体の「良識」のような基盤を破壊してしまうので、そこから先、「我も我も」と湧いてくる「熟慮の足りない小理屈屋さん」を抑止する力がなくなってしまうことです。

結果として、組織全体が非常に「頭でっかちな体質」になってしまい、「自然な芋づる式の延長」ではない、無理やりに派手な施策を連発しては迷走を続ける体質になってしまうのです。

似たような、そしてより大きな事例として日本国民が最近目の当たりにしたのは、ここ最近の連続した大きな政権交代だったといえるでしょう。

２００９年に民主党が日本で政権交代を実現した時には、その「政権の大元のビジョン」だとか、それを擁護した論者たちの思いの中には、「日本国民の生きている現場的現象の必然性を深く捉えた知性」が、たとえ片鱗だとしても確実にあったと言って良いでしょう。

そういう真実に触れるようなものが全くないようなムーブメントでは、一時だけのものとはいえ地滑り的な大勝を収めることは難しかったでしょうからね。

しかし、一方で、その後の民主党政権のあらゆる面での醜態と、それに失望した国民の逆向きの地滑り的選挙結果を考えると、この「ミドリムシの大量培養問題」に似た困難がご理解いただけるかと思います。

じゃあ、何も改革しないでいいのか?……というわけにもいかないですよね。グローバリズムの進展の中で、自分たちの本来の力を自然に発揮できるような構造をなんとか実現しないと、どちらの側に立っている日本人だって困るわけですから。

議論を整理するための「4つの世界」

議論を整理するための図1-1を見てください。

図1-1は、どういう組織、経営、国を目指すのか、といったビジョンを、4つに分類したものです。

縦軸にとっているのは、「理論的な知性にどれほどの権限を与えるか」です。上に行くほど、学歴的に筋目な知性へ大きな権限を与えていこうとするビジョンだということになります。

横軸にとっているのは、「知性への現場的フィードバックをどれほど強くかけるのか」という指標です。

学歴的に筋目な知性に対して、「現場側からのフィードバック」「単純な理屈が拾えない複雑さ」で抑制をかける機能を、どれほど強く持たせた構造にデザインするのか、という指標です。

図に書き込んであるとおり、現在のアメリカは、「左上」のビジョンに特化して動いています。世界で最も苛烈な学歴主義社会の中で、筋目の理論的知性だと認証された存在に対して、ほとんど無限大とも言えるようなパワーを与えて存分に活躍させる環境整備を行っている。

結果として、ＩＴや最先端医療というような「実験室的に純粋な現象をそのまま世界中に押し付けられる分野」においては圧倒的な強みを得ている一方で、「現場側からの自然なフィードバック」は一切切断する方向に社会全体が動いてしまうため、「筋目の知性」の光が届きにくい辺境的な世界においては、ほとんど希望のないスラム街的状況の中に追い込まれている人たちがかなりいるという構造になっている。

一方で、現在の日本は明らかに右下の位置にいます。アメリカの知的エリートに与えられているような、「世界の覇権国家の支配層メンタリティ」みたいな横暴な行動力を与えられている人間がいないために、全世界的な枠組みの協調が必要なＩＴ分野（そこから派生する消費者向けエレクトロニクス分野）で

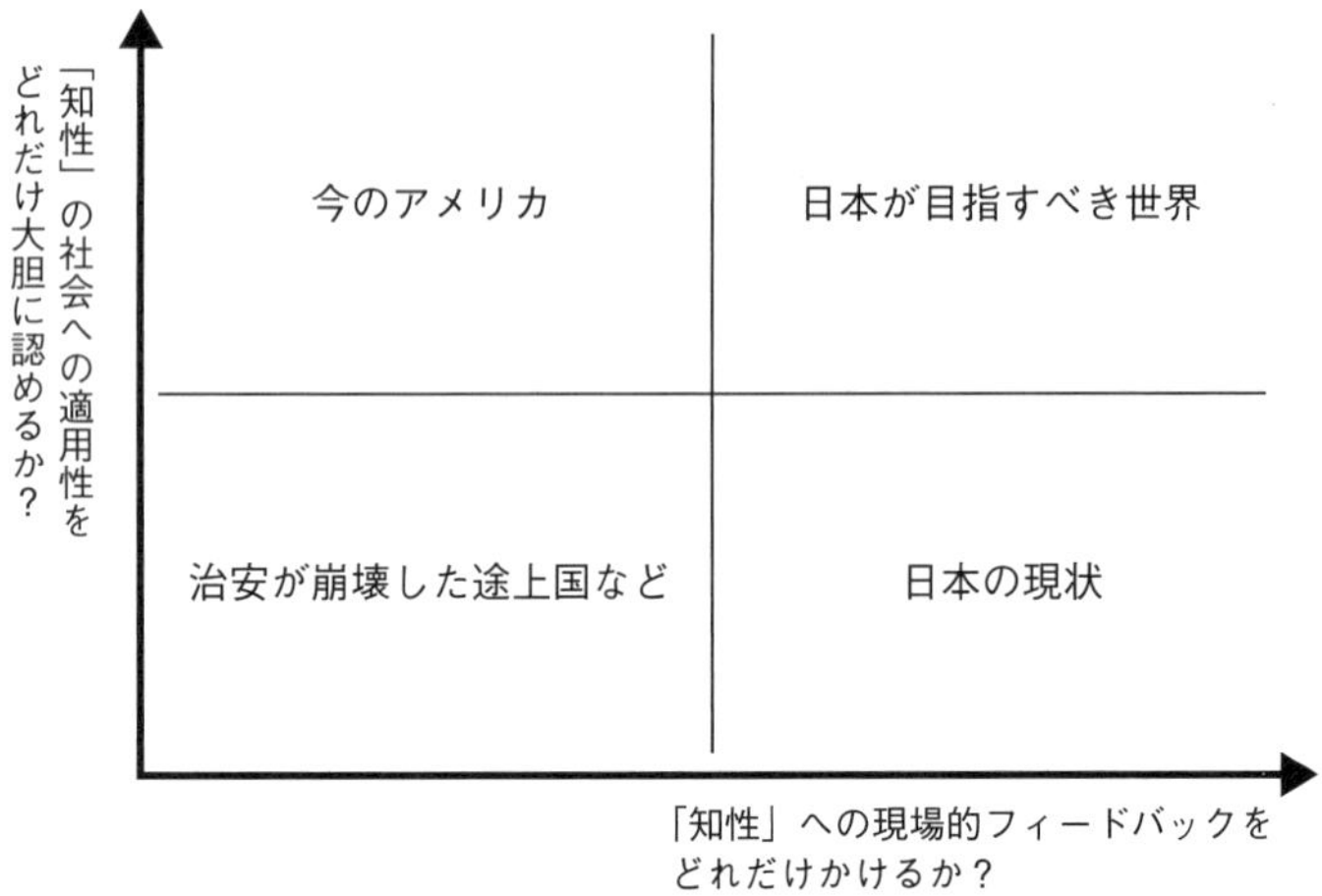

図 1-1　左上や右下を目指すような、「改革派と抵抗勢力」的な 20 世紀の世界観では日本は前に進めない

は苦戦を強いられているものの、「薄っぺらい知性が横行しては積み重ねができなくなる分野」、現場の経験知の重さが人間の小賢しさを跳ね返してしまうような製造業の世界において、まだまだ世界に冠たる存在感を発揮することができています。

不調と言われるエレクトロニクス関連でも、微細な加工技術や素材への習熟が必要な産業財や一部の部品産業では、まだまだ世界一の会社がたくさんある。

また、アメリカに比べると、どれだけ貧困で、いわゆる学歴主義的な意味での〝教育〟が行き届いていない世界においても、まだまだ「日本人ならこれくらいは」というような遵法意識や生活の安定感が生きていて、結果として全体の治安や製品の密度感を失わないままでいるという成果も、今の日本が「右下」にいるからこそ実現できていることなんですね。

さて、ここであなたに質問です。

我々が目指すべきなのは、この4つの分類の中のどこでしょうか？

「改革者と抵抗勢力」みたいな20世紀的世界観ではもう前に進めないのです

それは、明らかに「右上」ですよね。

しかし、今の日本のあらゆる「言論」、これは政治に関する話でも、経営に関する話でも、そ

の他日常のあらゆる会話、あらゆる意思決定に関わる「言葉のパターン」が、

左上か右下、場合によっては左下を目指す言葉すらある一方で、右上を目指している実効性のある言論はほとんどない

のです。それが今の日本の根本的なイシュー（その問題がどうなるかによってその他の全てが変わってくる最重要の問題のこと）なのです。

自分たちの本来持っている深い可能性を具現化した世界を、まだ見ぬ状態で言葉にして共有するのは非常に難しいことです。

結果として、国内においても、国外においても、「既に実現している事例」を元に、自分の立場から見て「敵側」に見える存在を非難するという構図にどうしてもなってしまうことになります。

アメリカの成功事例をベースとして、自分自身がいる立ち位置的に「今の日本のありかた」によって抑圧されていると感じている人は、図1-1の「左上」を目指す言論を繰り返すことになります。

また、そういう「グローバリズムに対応しなくては」という意見に対して、「まあそりゃそうだけどさ」と思う部分がいくらあっても、その方向性が「右下にいる日本の強み」を破壊してし

まうものであったなら、それに賛同するわけにもいかず、結局「右下」の意見だけを主張せざるを得なくなる人もたくさんいます。

結果として、世の中に広く共有されているのは、図1-1の「左上」か「右下」の意見だけとなり、そのどちらも自分たちが本音のナマな感覚としては目指したい「右上の理想」からは程遠いものでしかないので不満が溜まり、その不満の噴出口として、やたらとユートピア思想的な意味で現代文明を根幹から否定したようなことをロマンチックに語ってみる「左下」の意見すらある程度の人気を得たりするにもかかわらず、本当に我々が必要としている「右上」の意見はほんの少数者によってブツブツと独り言のように語られるだけになってしまっているのです。

何度も繰り返しますが、この問題は、使い古された20世紀的な議論の言葉遣い、つまり、「改革者と、それに抵抗する既得権益者がいる」ような世界観の物言いでは決して解決することができない問題なのです。

なぜ、この20年間日本のあらゆる「改革」は中途半端に終わって来たのか？　それは、「改革者側」には、「右上でなく左上」を目指す議論しかなかったからです。

なぜ民主党の政権交代は失敗したのか。なぜ霞が関の中央官庁の力を弱めることができないのか。なぜ日本において女性の社会進出は遅れているのか。なぜ日本において社外取締役の活用は進まないのか。なぜ日本からグーグルやアップルのような新しいベンチャー企業が生まれないのか。

それらの全ての根幹的な原因が、図1−1からわかるはずです。

「〝右上〟以外を淘汰するような環境整備」とか言うと物騒なようだが……

私の前著『21世紀の薩長同盟を結べ』では、図1−1の「左上と右下」の断絶を乗り越えることを、立場や性向が大きく違う両者が手を結ぶことで新しい時代を切り開いた、幕末の「薩長同盟」に例えました。

しかし結果として前著においては、その問題のいろいろの具体的な側面を調べていくことを主眼としたために、その「両者が手を結ぶこと」を、ある種の目覚めた人たちの「善意や高い志」に期待するしかないような形でしか表現できなかったことを悔やんでいます（その分、逆に本書では描けないような問題の具体的側面を多く語ることができているとは言えるので、機会があれば前著も手に取っていただきたいとは思っています）。

しかし、本当に日本を前に進めるには、先ほど「ミドリムシの大量培養の比喩」で語ったような、「図1−1の右上の言論以外は生き残れないような環境整備」を行っていくしかありません。

そういう志向をすることは、一部の有志の「善意や高い志」に対して「そんなもの無駄だよ」と言いたいわけではなくて、むしろその「善意や高い志」に敬意を持つからこそ、それらが無駄にならない環境整備をしなくてはならないのだ、ということなんですね。

また、「図1‐1の右上しか生き残れない環境整備」と言うと、つまりは左上や右下、左下に対して、露骨な言葉遣いで言うと「淘汰する圧力」をかけていくということですから、そういう志向に対して、「多様さを認める寛容さ」という視点から躊躇（ちゅうちょ）される良識派な方も読者の中にはいらっしゃるかもしれません。

もしあなたが今そういう感情を捨てられずにいるのなら、むしろあなたはそのままでいていただくことが、日本人全体・そして人類全体を新しい段階に進化させるには過渡期的に必要なことなのだと思います。

なぜなら、移行期において、あまりに「右上以外への淘汰圧力」が高まりすぎると、今度は右上の方向性ならばどんなカスでも許されるというような風潮になって、「左上の知性の大胆さ」も、「右下の集団の密度感」も、どちらもスムーズに具現化できなくなる悲惨な状況に陥ることになるからです。

大事なのは、「淘汰するというような言葉遣いには忌避感を持つ良識派のあなた」にも、「全体として図1‐1の右上を目指して動いていくんだ」という最終ゴールイメージを共有していただくことです。

そうすれば、状況の変化におうじて最適なタイミングで、あなたの気持ちが変化していって、「最終的な合意点」へ向かってみんなの感情を集中して社会を動かしていくことが可能になるでしょう。

それに、一歩踏み込んだことを言わせていただくと、図1-1の「右上」以外の立場の人は、「そう言っておけば批判されにくい」という立場を取ることによって、潜在的には「批判されやすいけど本当にみんなのためになる右上を目指す人」を、潜在的には抑圧し続けてきているんですよ。

その「常に抑圧し続けて来ている状況」を考えるならば、状況の変化によって今度は「抑圧される状況」になったとしても、決して文句は言えないことは確かだと思いませんか。荒木飛呂彦の人気漫画『ジョジョの奇妙な冒険』に「あなた、覚悟して来てる人ですよね？　人を始末しようとするって事は逆に始末されるかもしれないという危険を常に覚悟して来ている人ってわけですよね」というセリフがあるんですが、「まさにそういう構造」がここにはあるということを、ご理解いただければと思います。

しかし、「誰が悪いわけでもない」と知るまでこの閉塞状況は終わらない

しかし、同時に、この問題は「問題を憎んで人を憎まず」というか、そもそも「誰が悪いわけでもない」という視点で読み解いていかないと、決して解決しない問題でもあるんですね。

図1-1の「何はなくとも左上を目指すべき派」と「右下現状維持派」というのは、経済政策の色んな側面だけでなく、経営の毎日の意思決定や、その他たとえば原発事故以降に日本の電源

をどうしていくのか、といった問題に至るまで、形を変えて常に同じ問題として「合意点が見つからないままにズルズルと全てが先延ばしにされてしまう閉塞感」を我々に味わわせる要因になっています。

そういう対立点の中でも、最もわかりやすいのが、経済政策において「市場原理」的なものをどれほど重視して社会運営を行っていくべきなのか？　といった問題ですよね。

たとえばあなたは、元ライブドアの堀江貴文氏のことをどう思われますか？

「どう思われますか？」というのも非常に漠然とした質問ではありますが、彼に対する態度を問うことほど、図1-1のどこを目指したいと思っておられる方なのかを明確に分類するリトマス試験紙はちょっとないでしょう。

もし読者のあなたが、図1-1の右下の良さこそが日本の良さだし、それを将来にわたって維持していくことを第一として考えておられる方なら、おそらく堀江貴文氏のことは嫌いでしょう。ああいうタイプの人間が増えたことが日本がオカシクなった最大の元凶だというぐらいに感じておられる方も多いようです。

一方で、日本社会は頑張って図1-1の左上を目指して動くべきだと考えておられる方の間では、堀江貴文氏のことを「希望のスター」と思われている方が、今もまだ多くおられます。いわく、彼が活躍していた時期の日本には活気があったが、彼を潰してしまったことで日本の変革は10年遅れてしまった……というようなレベルで、彼への期待と思い入れを持っておられる方も数多くおられます。

あなたがどちらの思いを持っておられるかはわかりませんが、どちらの方にも知って欲しいことがあって、それは先ほど紹介したミドリムシのベンチャー、出雲充氏の株式会社ユーグレナは、ライブドアの出資とサポートによってスタートした会社だということです。それも単に最初の出資をしたり初期のオフィスを間借りさせるなどのサポートをしただけでなく、彼が起業を決意したこと自体も、堀江氏の個人的な理解と励ましの結果であったようです。

その辺りの経緯については、（友人だから推薦するわけではないですが）先ほど紹介した彼の自伝が本当に感動する出来なのでぜひ読んでみていただきたいわけですが、ミドリムシの大量培養技術の目処がつく前に起業して、数々の苦労のあげく、徐々に理解者や協力者が現れ、数々の工夫の結果、やっと培養が成功した!! ……その直後に出資者のライブドアに例の強制捜査が入ったそうです。

その後は、直前まで協力を申し出てくれていた数々の取引先が全て突然何の理由も告げずに取引の停止を通達してきたり、「ライブドアと沖縄の闇」というタイトルで、彼らの沖縄にある培養プールが怪しい反社会的ビジネスであるかのように週刊誌に書きたてられたりと、まるで安っぽいテレビドラマの筋書きのようなヒドい扱いを受けたそうで、協力会社がいきなり全て去って行ったことで、長い間常に倒産寸前の自転車操業の時期があったようです。

ライブドアとの関係は、ただ出資者であったというだけであり、彼らがやっている会社の事業自体はものすごくマットウなもの（それどころか発展途上国の栄養問題から二酸化炭素排出量の削減など、相当に高い志に裏打ちされているもの）なわけですから、それが「ライブドアと関係している会社なんか全部ダメ」という扱いでムラ八分的イジメが横行する状況になるというのは、たとえ「図1-1の右下の良さを現状維持するべき派」のあなたとしても、やはり「このままで良いとは思えない」日本社会の一側面を映し出す事例ではあると思います。

「出る杭を打つ日本社会って嫌だねェー！」「もうこんな社会なんか一回リセットしちまえばいいんだよ」という意見に、頷きたくなってしまって当然とさえ言えるかもしれません。

しかし、なぜそういう改革は進まないのか？　それは既得権益にあぐらをかいて自己保身しか考えない悪逆無道の「抵抗勢力さん」が日本社会の中枢に居座っていて、そいつらのエゴゆえに日本は過去の20年を失われた閉塞感のまま過ごしてきてしまったんでしょうか？

何度も繰り返しますが、本書のメッセージは、そこでその**「勇気ある高潔な改革者と悪辣な自己保身の塊である抵抗勢力の争い」という「20世紀的、あるいはアメリカ的」なストーリーで物事を捉えると、日本はどこにも進めない袋小路にはまってしまうということ**です。

堀江貴文氏のビジネス手法そのものは、実際に有罪判決を受けた一連の粉飾についてはともかく、それ以外のベースの部分については、世間一般の印象ほどに無茶苦茶なマネーゲームというわけではないわけです。出雲充氏が少し話しただけでミドリムシの可能性を理解して、出資を決断したあたりの「洞察力と行動力の組み合わせ」など、「古い日本社会」が取り入れるべき長所は沢山ありそうです。

しかし問題は、彼のやり方がある範囲を超えて大きな影響力を持っていった時の、予期できないマイナス効果の広がりの方です。

たとえば彼は収監後も獄中から（当然出所後も）、有料メールマガジンを発行し続けており、その読者とのやりとりも含めてまとめた書籍がいくつか出ています。

それを読むと、彼の読者の中には、

いやいやいや、あんた自分の居場所でもうちょっと頑張れよ

と言いたくなるような人が正直結構います。

堀江貴文氏が日本社会を批判する威勢のいい言説に乗っかって自分の周りで普段出会う人間をトコトン見下しにかかっていながら、自分では特に何もしないでいつか何かビッグな幸運が降ってくるんじゃないかと期待しているような感じの人、というか。

先述したとおり私は「日本社会の今の過不足ないリアリティ」を知らなくては本当に21世紀に実効性のある言論は展開できないんじゃないかという個人的な思いから、いわゆるブラック企業と言われるような会社や、少し反社会的な分野だと思われる方も多いであろうような業界に潜入して働いていたことがありますが、そういう「アメリカならもっとヤバいスラム街みたいになっているだろうな」という領域が、それでもまだまだ最低限のモラルと安定感を維持できているのは、「本当に危ういちょっとしたバランス」によるわけなんですよね。

それこそ「ムラ社会的な力学」とでも呼べるような仕組みによって、ギリギリのところで保たれている安定感がある。

そしてそれは必ずしもただ前時代的な抑圧というわけではなく、その力学の中でちゃんと自分の位置を定めることで、ただ放っておかれていただけでは発揮できない有能性を発揮して社会に貢献できる道を開く装置でもあるわけです。

また、彼がメールマガジンで披露している「新ビジネスのアイデア」の豊富さ多彩さは目を見張るほどで、なかには「これは本当にすごいな。誰かやらないかな。新しいだけじゃなくて本当に〝みんなのため〟になるだろうな」という可能性を感じさせてくれるものもあり、そういう多彩なアイデアを現在の多少硬直的な日本社会が実現できていないとすれば改善の余地があると言えそうです。

しかし、彼（そして彼のような志向を持つ人に共通しがちな性質として）のアイデアというのは大抵が「世の中の流れの中で新しく生まれてきた形のニーズに反射神経の良さを活かして真っ先に飛びつく」というものが多く、結果的に資金力がある程度あって「何をやらせてもそれなりにまとめられるオールラウンドな事業家」がサッと出してガッと儲けて時期が来たらサッと畳む……そうでないと「誰でもできる事業」であるがゆえにいずれ競争が激しくて大変なことになる……といったタイプの事業が多いです。

それの何が悪いのか？

全然悪くありません。彼が個人としてそういう仕事のスタイルで彼の長所を活かして働いていく分にはね。

問題は、彼の言説がマスコミに乗って広い範囲に届きはじめて、しかもそれが「新しい働き方のスタイルの〝選択肢の一つ〟」として紹介されるだけに終わればいいのですが、今の時代はそこにどんどん背びれ尾ひれがついてきて、

これがグローバル時代の働き方のスタンダードであり、これ以外のあり方はもう生き残れない時代です

というレベルの話になってしまうことです。

問題は、そういうメンタリティの仕事ばかりで満たされると、日本社会の一つの強みの特徴であるところの、何十年、何百年も継承される中で発展してきた特産物的な産業や、特定分野の技術において圧倒的な強みを持つ製造業といった企業は、屋台骨の部分から危機に瀕することに

なってしまうことなんですね。

あるいは、ライブドアショック以前の彼がさらに大きなパワーを得ていって、日本の古い製造業なんかをバンバン買収して思い通りにできるような状況になってしまっていたとしたら、それも同じ意味で色んな問題を引き起こしていたでしょう。

ここで、堀江貴文氏が好きな方にも嫌いな方にも、考えて欲しいことがあります。


悪いのは堀江貴文氏の方でしょうか？　それともそれを受け入れない日本社会の方でしょうか？


繰り返すようですが、ここで「誰が悪いわけでもない」とならないと日本は前に進めない状況なのです。

だからこそ〝横綱相撲〟ができる構えが社会に満ちていることは、堀江氏のような個人でアクティブな仕事を次々としていきたい人にとっても大事なことなんですね。

彼らがいくら自分たちの能力をガンガン発揮して活躍していっても、彼らを取り巻く社会の方が「じゃあもうあらゆる人間が彼らと同じようなことをしなくちゃいけないんじゃないか」みたいな論調が吹き荒れてしまったりせずに適切に距離を置いていてくれれば、彼ら自身もどこまでもノビノビ力を発揮していけるし、そのうち「お互いの違いを活かしあった連携」だって自由自在に生み出せるようになるわけですからね。

合意形成の「死の谷」を超えろ！

先ほど、「部屋の温度は低ければ低いほど良い」という意見と、「部屋の温度は高ければ高いほど良い」という意見がぶつかりあっていても何も解決しない……というたとえ話をしました。

「適温」

になるように、どんな立場の人も協力しあって意見を出しあうようにしていかねば、特に日本では前に進めなくなるのです。

なぜなら繰り返すように、アメリカは例えるならばガンガンに温度を上げてしまって、その高温ゆえに発生する色んな新しいムーブメントを長所としながら、一方で低温でなくては生きていけない生き物は全滅してもそれはそれで仕方が無いというような、「文系科目を全部捨てて理数系科目だけで勝負しようとする大学受験生」のような戦略を取っている国であるのに対し、日本はそこまで徹底できないことの裏側にある安定感こそを「長所」として活躍している国だからでしたね。

しかしね、さっきの堀江貴文氏の例を考えても、「彼が彼の良さを活かして活躍」できること単体でみれば、それは「彼が嫌いな人」にとっても決して悪くない現象だと思えるはずですよね？

そして、日本社会の中で彼のようなサクサク行動的なビジネススタイルの集団が広がって思う存分活躍してくれること自体も、あらゆる人にとって悪いことではないでしょう。

問題は、彼が活躍していく中で、もう一つの日本社会の長所であるような地道な蓄積が必要な経営スタイルに対して、「あんなのはもうダメだ」と、

言わざるを得ない状況

に追い込まれてしまうことです。

それさえなければ、地道で深い蓄積が必要な企業と、スピード感と決断力と反射神経で勝負の企業が、それぞれの長所を活かしながら活躍し、時にお互いの良さを補い合えるような連携が生まれたりすることすらありうるはずですよね？

そして、古い日本の大企業のうち、あまりにも決断力やメリハリが無さすぎて本来の長所が発揮できていない会社に対して、「彼らの長所を失わない配慮をした上で、適切なプレッシャーを与えて変革を促していく」ことも可能なはずです。

つまり、再度図1-1に戻るとすれば、この「右上」を目指すことは可能なはずでしょう？　ということです。

そのためには、ただ「室温が高ければいい」「室温が低ければいい」という「相手側を否定する言論」ではなく、「適温」を目指す「ど真ん中の言論」をみんなで共有していかねばならないのです。

大事なのは、その「ど真ん中の共有軸となる風潮」が生まれることなんですね。「ど真ん中の共有軸となる風潮」がないと、個々人のプレイヤーとしてはど真ん中がいいのはわかっていても、「現場」において生き残るためには、「相手側を非難する立場」を取らざるを得なくなってしまうメカニズムがあるのです。

ミドリムシの培養も、最初は1ヵ月かけて

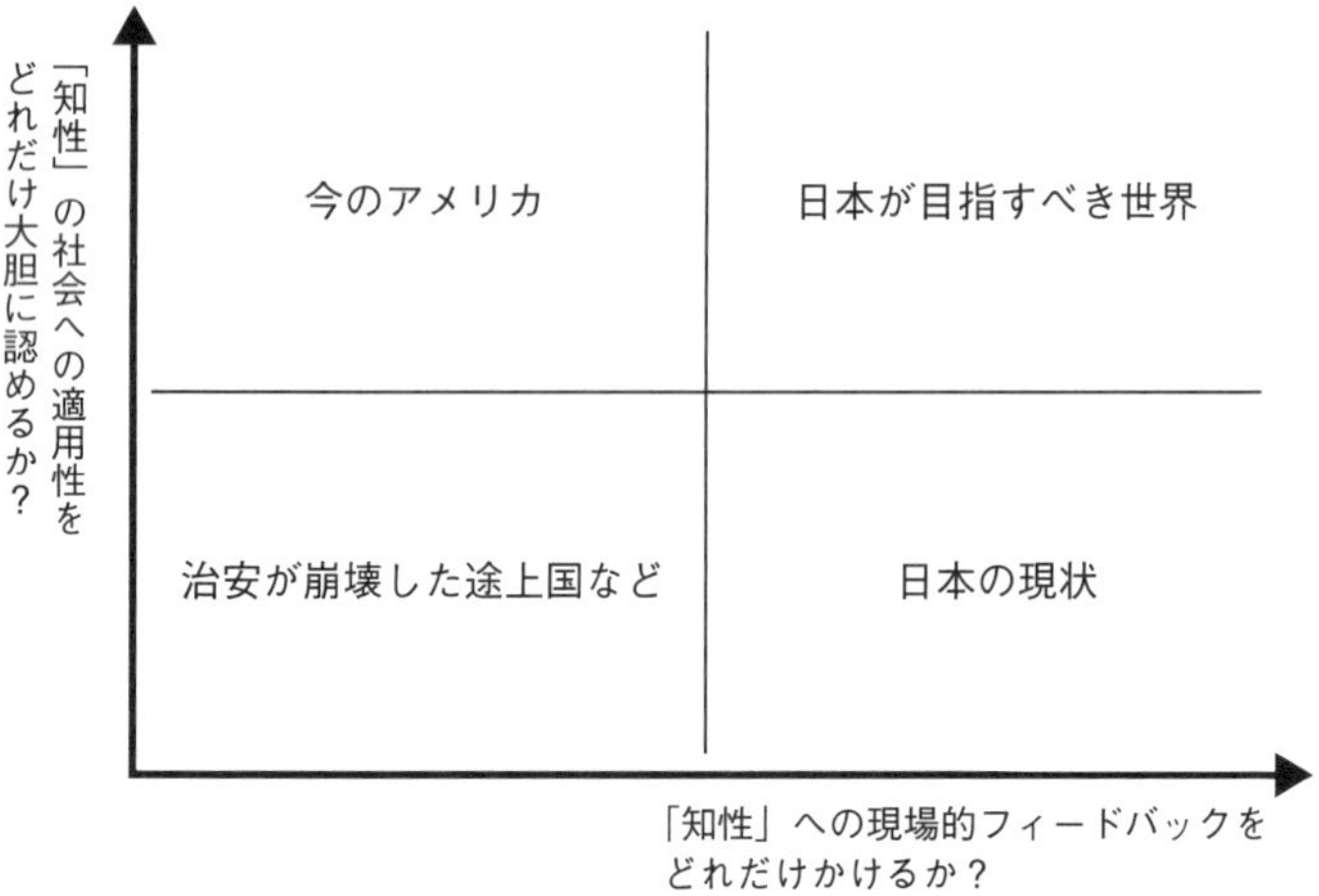

図1-1　左上や右下を目指すような、「改革派と抵抗勢力」的な20世紀の世界観では日本は前に進めない（再掲）

やっと耳かき一杯が限界だった話からわかるように、「物凄く話がわかる人同士で〝本当はこうなればいいのにねえ〟と話す時」に可能なことでも、もっと多くの人間ともっと大きなお金が関わってくる状況の中で具現化するには、全然違うレベルの新しい特別な算段が必要になってくるんですね。

そういう状況を分析したのが図1‐2と図1‐3です。

横軸に取っているのは「その意見の過激さ」です。左に行くほど、いわゆる「改革派」というような方向での過激さが増していくことになります。右に行くほど、今度はいわゆる「保守派」というような方向での過激さが増していくことになります。

そして縦軸に取っているのは、その意見の「合意形成のしやすさ」を表しています。

まず、図1‐2の方、M字カーブになっている図は、今の日本を表しています。

改革派な意見でも保守派な意見でも、あまりにも過激な（たとえば反対派をぶっ●せ！というような）はさすがに広い範囲の合意を得ることは難しいでしょう。ですので、「左向きに過激すぎる部分」も「右向きに過激すぎる部分」も、合意形成のしやすさのレベルは低くなっていくことになります（このこと自体は人類の集団の望ましい性質といっていいと思います）。

ただ問題は、本来その集団にとって最も良い、改革派と保守派が手を取り合い知恵を出し合って前進していくような「ど真ん中」の部分の合意形成のしやすさは、物凄く低くなってしまいがちだということです。

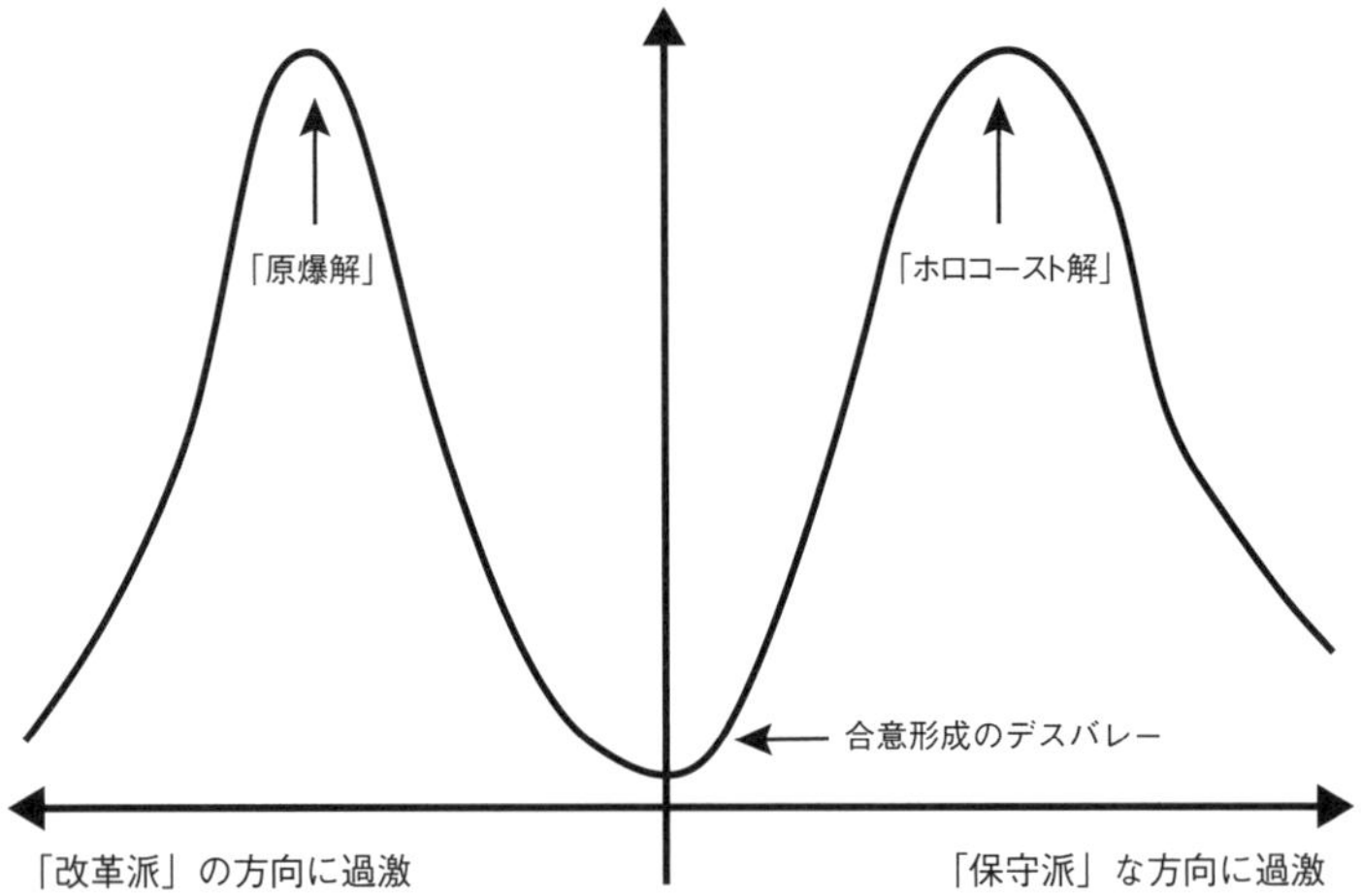

図 1-2　合意形成のM字カーブとデスバレー（死の谷）

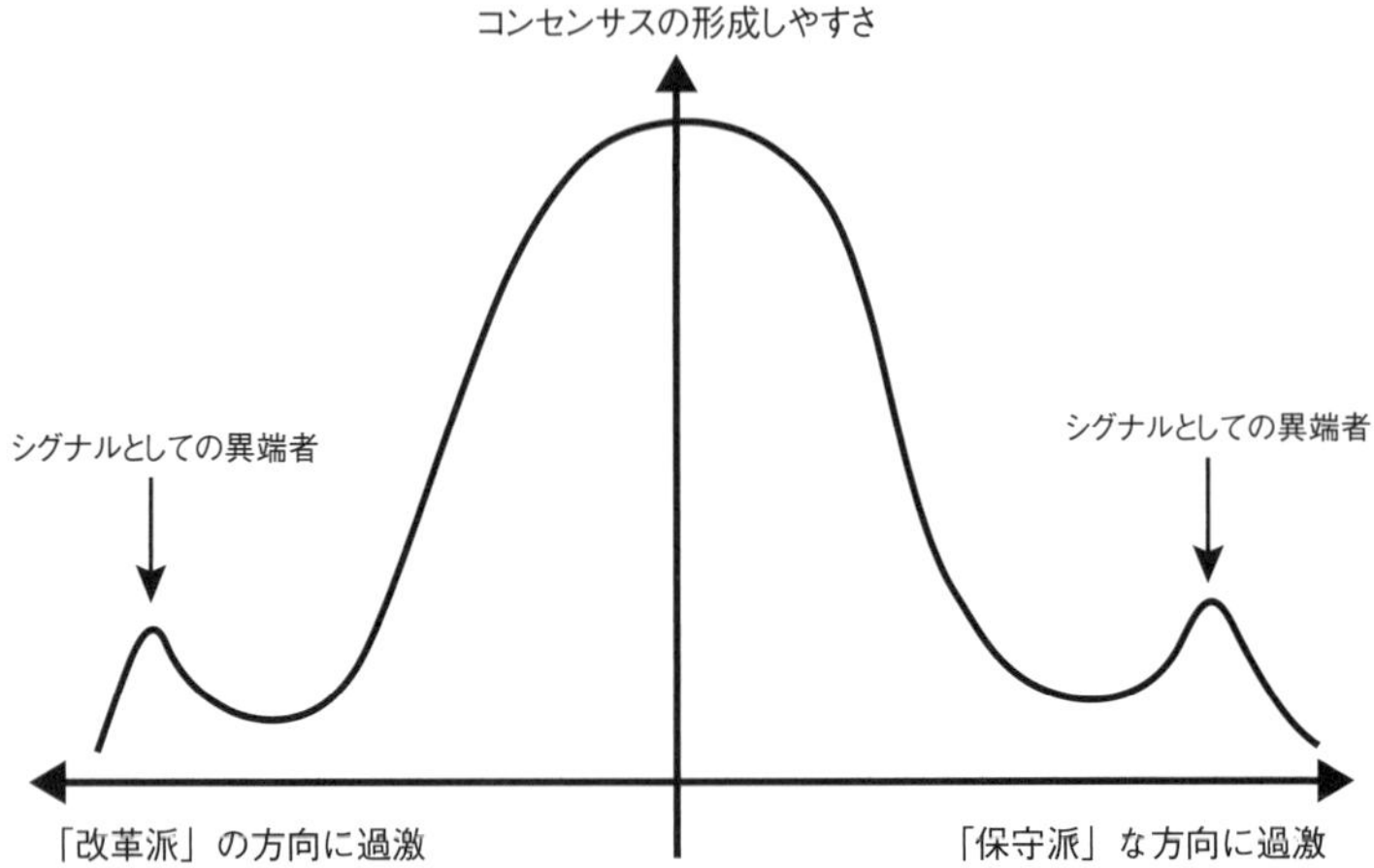

図 1-3　ある人間集団のパフォーマンスを最大化する理想状態

改革派が権力を握っていく際には、とにかくありとあらゆる世界の問題を「保守派のジジイども」の責任にして、知性と行動力溢れる自分たちがやればそんな問題は一掃できるんだ!!というような意見に合意形成がされやすくなってしまうポイントがあります。

一方で、保守派側が権力を持ちたい時には、小賢しい改革派どもがいかに現実を知らない青二才で自らの強欲に目が眩むあまり社会の安寧を破壊しようとする不穏分子であるかを強調するようなポジションの意見に、合意形成が非常にされやすくなってしまうポイントがあります。

これは、人間の歴史の中で常にありとあらゆる形で変奏されてきた不幸の源泉みたいな構図ですが、それらの過去の代表的な不幸の事例をとって、ここでは「原爆解」と「ホロコースト解」と呼ぶことにします。

「ホロコースト(ユダヤ人虐殺)」は、人類の知性が大きく発展して古い共同体の鎖を引きちぎっていくような時代に、急激な変化によって社会の安定が破壊されてしまうのではないかという危機感の中で、「共同体の外側にいる、自分たち独自の理屈ベースで生きている奴ら」のイメージの具体的対象として結び付けられてしまったユダヤ人への憎悪が暴走した中で起きました。

一方で、そういう全体主義的な「共同体側の危機感の叫び」の時代にストップをかけるために、「理論側」の極限的な追求の結果、逆側にいる存在を圧倒的な火力で焼き尽くしてしまうパワーとして生まれたのが「原爆」でした。

要するに、人間の集団というのは、ほうっておくとこの「原爆解」か「ホロコースト解」のどちらかに収束してしまい、みんなのために最適な「ど真ん中の意見」を忌憚なく持ち寄って工夫を積み重ねるような状況にはなかなかならないということです。

ここでは、この「原爆解」と「ホロコースト解」の間の、本来理想的でありながらなかなか合意形成できない「ど真ん中」の部分を、「合意形成のデスバレー（死の谷）」と呼ぶことにします。

「凸型の理想状態」を目指さなくちゃ！

一方で、図1-3のグラフ（凸型のもの）をご覧ください。

タイトル部分に、「ある人間集団のパフォーマンスを最大化する理想状態」と書いてあります。小さな会社でも大きな会社でもNPOなどでも、部活動とかそういったレベルの集団でも、あるいは国全体、ひょっとすると人類全体といった大きなレベルで見ても、その集団内部が理想的に運用され、いろいろなタイプの構成員の本来的な長所がいかんなく発揮され、次々と「いやー我々はなかなかヤルじゃないか」と惚れ惚れするような成果が出てくるような集団の合意形成カーブはこうなっているんですよ。

実はその集団内部の合意形成カーブをこの形に持ってくるようにアレコレ算段することこそが本当の「リーダーシップ」と呼ばれるべきもので、全体的な最適さを考えずに功名心からの思いつきを声高に主張してまわりを引き込んでいってしまう（結果として集団の合意形成カーブは図

1−2のように〝M字〟に近くなることが多い）ようなものがリーダーシップだと誤解されている風潮は、現在の人類社会のあらゆる問題の元凶というぐらいのものなんですね。

ただし、この「理想状態」においては、両端にポコンと「凄く極端な意見が〝異議申し立ての手段〟として共有される余地」が生まれます。ここでは「シグナルとしての異端者」と呼んでおきましょう。

あまりに「みんなで共有したゴールを目指さなくちゃいけないだろ」というような空気だけが暴走すると息苦しいし、そもそも期待しただけの本当の工夫も積み上がっていかないので、「全体とか知らねえよ！」というメンタリティの異端者が、「極論」を「極論」として表明する余地がちゃんと残っていることが、この「理想状態」が形だけなのか健全さを保っているのかの判別基準と言ってよいでしょう。

「この形」に持っていくことは簡単ではありませんが、それこそ「企業文化」とかいうレベルで、同じような能力の人間の集団を集めてもパフォーマンスが結果として天地の差になってくる源泉がここにあります。

そして、どんな大きさ・種類の集団でも、一度こういう形が形成できると、実際にはやればやるほど「お、いいじゃん、いいじゃん！」というような成果が目に見えてあがってくることになるので、むしろこっちの方が「人間の集団の本来的な性質なんじゃ？」と思えるようなスムーズさで、「M字」から「凸型の理想状態」へと自然な移行が生まれてきたりするものなのです。

この状態になってくると、「シグナルとしての異端者」が発する異議申し立てのサインは、むしろ「凸型の頂点部分」をさらにブラッシュアップするための貴重なヒントとして歓迎され、すぐに反映されていくことになるため、「異議申し立て」をする人間の不満も順次解消されて先鋭化せずに済むことになります。

今の企業には、わざわざ顧客からのクレームを吸い上げやすい仕組みを用意してサービスの改善に役立てている会社がよくありますが、（まあ実際にはそういう仕組みは形骸化しがちだとはいえ本当に的を得た改善が実行されていっているならば）その会社の内部は合意形成カーブが「凸型の理想状態」に近くなっているのだと言って良いでしょう。

「合意形成カーブ」が凸型になってないと、個々人がどんなに有能でもダメ

先ほどから「誰が悪いわけでもない」と思えなくては前に進めないと言っていた理由が、図1−2と図1−3からおわかりかと思います。

要するに、

合意形成カーブが「M字」になっている環境だと、個々人がどれだけ有能で物事が深くわ

かっていて行動力もコミュニケーション能力があっても、「原爆解」か「ホロコースト解」の部分でしか広い範囲の合意形成はできないんだということです。

どれだけ優秀でも無理です。

耳かき一杯のミドリムシを培養するのと、事業化できるレベルで大量培養するのは全然違う算段が必要になってくるんです。

物凄く話がわかる人同士で「だよねー」と言えるレベルを超えて生身の重みを持つ人間の集団を動かしていくには、単発のトピックで物凄く頭の良い人が最適な方向性を頭で考えて説明するだけでは「重さ」が全然足りないんですね。

このことからぜひあなたに一度立ち止まって考えていただきたいことは、

今、自分たちとは逆側の立場にいて、口を開けば必死に自分たちを非難してくるあの憎きアイツも、本当は結構自分たちと同じようなゴールをイメージしているかもしれない

ということです。

この「M字カーブ」の恐ろしいところは、本人が本当はど真ん中が良いのになあ……と思っていたとしても、

この資本主義社会の中で「食っていく」ためには、「原爆解」か「ホロコースト解」のどちらかに属するしかない状況に追い込まれるということです。

というか、ちょっと挑発的な言葉遣いをしますが、**「マトモな知性がある人間なら、ど真ん中が理想状態なことなんて誰だってわかってる」と言っていい**でしょう。

本書の冒頭でも書きましたが、**今の時代の最大の困難は「誰も想像できないような問題」にあるのではなくて、「誰だってわかってるような問題」なのにそこにみんなの共通了解を集中させて実践的に解決策を積み重ねていくことができない……というところにある**わけですね。

この問題は、堀江氏の例でお話ししたような「経済政策的論点」だけでなく、社会のあらゆる意思決定の場、たとえば脱原発の問題などでも同じような困難をもたらしています。

なぜ脱原発は進まないのか？

繰り返すように「M字カーブ」の恐ろしさというのは、「本人の知性とか洞察力の優秀性」とは全然関係なく、原爆解かホロコースト解に「吸い寄せられて」しまう現象が起きるところにあるんですね。

たとえば、震災と原発事故の後、ある脱原発派の有名な論客さんがインターネット上に連載を持っていて、最初のうちは「かなり冷静で現実的な良い論考だなあ」と思って私は読んでいました（私自身は、地震国日本においてはやはり漸進的に原発は減らしていきたいと考えている立場なので）。

しかし、その連載が回を重ねてだんだん一般的な注目度があがってくると、その「冷静など真ん中の意見」が「合意形成のデスバレー（死の谷）」に落ち込んでくるんですね。

結果として、「あくまでど真ん中を積み重ねていこうとする良心」を持ったままだと、死の谷の底で誰にも聞いてもらえない独り言を言い続けるハメになる。

結果として、みんなの注目を受けるポジションに「残り続ける意見」を言う役になるには、「原爆解」か「ホロコースト解」に吸い寄せられてしまうしかなくなるんですよ。

その論客さんの連載も、回を重ねるごとに、だんだん旧来の電力会社その他に対する陰謀論的な非難が増えて行き、放射能の危険度と自然エネルギーの可能性に関しては、他の懐疑的な論客の論考ではいろいろと理由をつけて否定されるような「一番大きな数字」だけが選択的に取り上げられるようになっていく。

そうすると、それを読んでいる方としても、今の時代はネットを開くと自分が読みたい情報だけを取り入れるようになっていますから、「最大限自分たちに都合が良い数字」だけを取り入れてさらにその上に楼閣を積み上げていって先鋭化した理想像を描き出し、**本当に改革を進めることよりも「逆側の立場にいる人間」を非難することに全エネルギーを集中しているような状況**になってきます。

結果、脱原発は進まない。なぜ進まないのか？　合意形成の場が「M字」になっているからです。

合意形成がM字になっていると、たとえば「脱原発」という「改革」を目指す方向性に対して、現実的なものから最も過激なものまで、ありとあらゆる「現状に不満」なエネルギーが吸い寄せられていくことになります。

電力供給というのは、非常にデリケートな問題なのです。ほんの0・07秒電圧が変動しただけで、東芝の半導体工場で200億円もの損害が出たという話があるぐらいで。

だからこそ、全体の送電網の中に不安定な自然エネルギーを入れていくには、それ専用のしっかりした準備が必要になってくる。また、ベースとしての電源と変化に対応する電源との組み合わせなど、とにかくあれこれと「専門家が勘案するべき領域」があるわけですね。

もし日本という場の合意形成カーブが「凸型の理想状態」になっていれば、現在責任を持って電力の安定供給をになっている電力会社と、新しいプレイヤーたちが相互に調整しあいながら、一歩ずつ脱原発に向かうことは十分可能なはずです。

なぜそういう動かし方ができないかというと、

「一度脱原発の流れになったら、衆愚（あえてこの言葉遣いをさせていただきますが）的な暴走が始まって何をはじめるかわからないという恐怖心」

が広い層に、ぶっちゃけて言えば「脱原発を叫んでいる人の潜在意識」にすら根強くあるからなんですよ。

民主党が政権取ったらありとあらゆる問題が解決するよ!!と言って全マスコミ総出でキャンペーンを張って政権交代させたのに、鳩山政権ができて数ヵ月もたったらまた今度は必死に叩き落とそうとしていた、「あの感じ」と一緒なんです。

「誰が悪いわけでもない」とクドいほど言っておいてナンですけれども、私はこの件での古い世代の「進歩派」なオジサンたちの振る舞いにはカナリ腹が立っているんですよ。

どうやって脱原発しようかという話を具体的に詰めようとしている時に「欧米由来の進みすぎた現代文明の限界が現れ、我々に警鐘を鳴らしているのだ。私たちはあの貧しくも美しかった時代に戻らなくてはならない」みたいに、さも自分だけ高潔で清貧な人格者で、電力の安定供給を維持する使命を持って奮闘している人を根こそぎに「強欲にまみれた現代文明にあくまでこだわるケガラワしく呪われた人々」扱いして悦に入るのは是非ともやめていただきたい。

あなたがたがそうやって煽ったりするとさらに「世の中への不満」を持っているあらゆる感情

エネルギーが「原爆解かホロコースト解（この場合がどちらと呼ぶべきなのかは議論がわかれるでしょうが）」に吸い寄せられて脱原発運動全体が非現実的な方向に先鋭化し、「漸進的で現実的な脱原発」をしたい多くの人の思いが決して現実には反映できない情勢になっていくんですよ。

日本は常に「判官びいき」的な「反体制で批判してりゃいい」「現代文明なんかリセットしてしまいたい」というエネルギーが渦巻いているので、逆に「体制側」としても一切スキを見せられなくなってしまう状況にあるとも言えます。

原発事故の調査で情報公開が進まないことが問題になった時に、「日本の文化の問題だ」と表明した委員がいましたが、実際には「日本の体制側が情報をフルオープンにできない」理由は、逆側の「在野」の方があまりにも無責任で能天気すぎることと表裏一体、どちらが悪いわけでもないんですよ。

本当にたいしたことがないちょっとした欠陥を発表しても、「それみたことか」と全力でぶっ潰してやろうというような言論のパワーが溢れかえっている状況では、その事業に本当の責任感を抱いている人ほど「隠したい」という気持ちを抱いても仕方がない、あるいは「当然」と言っていいぐらいの事情はあります。

沖縄の基地負担だって中韓との関係だって、「あまりにも現実を無視した理想」が暴走する方向に扇動する人が減れば、もっと現実的で漸進的な解決策は積み重ねていけるはずなんですよ。ちょっとでもスキを見せれば、中国の軍隊がほんのちょっと野心を持つだけで沖縄の住民がヒドイめにあう可能性がある状態まで「突っ走りかねないという恐怖心」があるから、一歩ずつの具体的解決策すら進まなくなってしまうわけです。

……などとつい感情的になってしまいましたが、これは、読者のあなたに、こうやって感情的になってはいけませんよということをご理解いただくために、あえてやっていることなんですよ！

そうなんです！　これもやはり、「誰が悪いわけでもない」んですよねっ！

「進歩派」のオジサンたちだって、20世紀的な文法の自分たちのアジテーション（大衆扇動）のやり方が、結局対立に火に油を注いで現実的な解決から社会を遠ざからせるだけで、ただ自分がカッコいいこと言えて満足したなあ……という以上の効果をもたらさないということに、心の中ではそろそろ気づいておられると思いますしねっ！　先ほどの挑発的な言葉遣いを再度するとすれば、「まともな知性がある人」で20世紀の歴史を知ってれば当然それぐらいはわかっているんですよねっ！

罪を憎んで人を憎まず、悪いのは「合意形成のM字カーブ」の方であって、20世紀に大量虐殺と大量餓死をあれだけ世界中で巻き起こしながら、いまだに「進歩派の文法」の実効性の無さに気づけない、あるいは気づいていても代替案を生み出せていないオジサンたちが悪いわけでは決してないのですよねっ！　彼らだって本当はわかってるはずなんです!!　だから、新しい時代が来たら先頭を切って、その鍛えたアジテーションスキルでもって社会をあるべき方向へ導いてくれる頼もしい戦士になってくれるはず!!　で・す・よ・ね？

「あたらしいリベラル」をはじめよう!!

さきほどは「リベラル派」な人たちに厳しい言い方をしてしまって、「対象者」の方には反発を感じられた方もいらっしゃるかもしれませんが、まあそれも愛ゆえのことだとご理解いただきたく思います。

あなたがたが過去の色々な過ちを反省することなく、ずっとナントカの一つ覚え的なパターンの言論を繰り返している間、あなたの逆側の人たちは着々と、彼らが大切にしたいと思っている価値が踏みにじられている現状を憂い、着々と新しい時代にあった理論武装と現実的な言論パターンの生成という地道な努力を積み重ねてきているんですよ。まずはそれをシッカリ認める度量こそが、あなたが大事にしていると思われる「寛容の精神」そのものだと思っていただきたい。

無反省な「リベラル派」のあなたの逆側の競争者が積み重ねてきた努力によって、今日本は改憲一歩手前の状況にまで来ています。その「彼らの努力」へまず敬意を払い、「彼らがそこまでして守りたいと思っているものは何なのか」という点への虚心坦懐な理解をしようとすること自体が、説得力を失った「リベラル派」のあなたが、それでも憲法を守りたいと思う時にどうしても乗り越えなくてはいけないチャレンジなわけです。

まあしかし、ちゃんと本書の趣旨である「どちらが悪いわけでもない」という視点に戻ってみれば、リベラル派な人たちの無反省的な意地の張り方自体が、「逆側の論説」がエスカレートしすぎて、本当に中韓と戦争にでもなったりしないための「抑止力」として必要だったという理解は当然できます。

何より、結局国内の合意形成カーブが「M字」になっている限り、どれだけ「本当の問題」が理解できているレベルの論客であっても、バカバカしい20世紀的罵り合いに必死で参加していないと「言論の参加者」でいられなくなってしまうという、「人間の集団にとっての原罪的問題」はあるわけですから、やはりとにかく本当に真実的な深い意味を込めて、

誰が悪いわけでもないんだ

ということを我々は痛感しなくてはならない。痛感するまで日本はどこにも進むことができない試練に直面しているわけなんですよね。

本章で見てきたように、失われた20年を超えて、日本のあちこちで、国家レベルでも経営レベルでも、我々の日常の働き方のレベルにおいても、

「グローバリズムへの焦点の合った対応」をしつつ、かつ自分たちの本当の強み、長所をど

こまでも自然的に伸ばしていくためには、「バカバカしい20世紀的な罵り合いのパターン」を超えて、あらゆる「場の合意形成カーブ」を「M字から凸型へ」転換していくことが必要なのです。

そうすることで、日本全体がグローバリズム的に次々と迫り来る課題に対して、

「横綱相撲」で向かうことが可能となるんですね。

ここで注意したいことは、**「横綱相撲の姿勢」さえできれば、「改革」も最速のスピードでスルスル進むようになるってこと**です。

この20年間色んな人が必死に「過去を否定してぶっ壊して前に進まなくてはならない」的なスローガンを叫んで変革を起こそう起こそうとしながら決してどこにも進めなかった、この閉塞状態も終焉をむかえ、むしろ最速のスピードであらゆる「変革」を起こせる国に日本全体が体質転換するんだということです。

本書のような方向の話をすると、特にマッキンゼー時代の先輩など「グローバル資本主義最前線で日々戦う改革派」の立場の方々は、本書のようなメッセージを非常に「まわりくどすぎる」

ように感じられてしまい、結局あらゆる改革をウヤムヤに終わらせて自分の既得権益を守りたいだけの層を利することにならないか……という反論を彼らからいつも受けます。

そういう懸念はもっともですし、だからこそ、本当に「場の合意形成カーブが凸型」になるまでは、「既得権益をぶっ壊してグローバリズムに対応しなくてはならないという改革派」のあなたも、全力でその道を進んでいっていただいている必要があるわけです。

政治の世界において、改憲を目指しているあなたも同じです。改憲を目指すあなたの切実な思いを決してナアナアにすることなく、全力で押していっていただかなくては日本は前に進めないんですよ。

「改憲して日本を新しい国に生まれ変わらせるんだというエネルギー！」

「グローバリズムに対応するために既得権益をぶっ壊せというエネルギー！」

これらのエネルギーは全力で吹き上がらせなくてはならない。

この両者は既に、

「20世紀的な言論パターンの一つ覚え的繰り返し」を超えて、過去20年間真摯に現実と向かい合う中で鍛えられてきた言論

だからです。

しかし、そのままでは日本は、そして人類は前に進めない、どこまでもただの押し合いへし合いに終わってしまうんだということは、過去20年の歴史が示しています。

その二者のエネルギーに対して、経済面においても政治面においても、

「相手の勢いを利用してM字から凸型への転換を目指す新しいムーブメント」

を起こしていくことが、今の日本において最も必要なことなのです。

「改憲を目指す勢力の全力のアタック」が「改憲されたくないリベラル」の本当の力を呼び覚まし、耳触りが良いだけで結局何らの社会的実効性も持ち得なかった20世紀のリベラルに対する「本当の反省」をもたらし、**しかしそれでも自分たちは改憲したくないんだという切実なエネルギーが新しいタイプの言論を生み出し、バカバカしい20世紀的罵り合いを超えて、自覚的に「場の合意形成カーブを凸型に導く」ための全く新しい言論パターンを生み出していく**のです。

また、「グローバリズムへの対応を迫る改革派の全力のアタック」こそが、逆に「日本的な経営」の底力を呼び覚まし、**今のようなただの惰性的な現状の追認の中でだんだん沈んでいくだけでどこにも打開策がないような状況を超える、「凸型の合意形成カーブ」の中で「本当に最適な**

意思決定」を積み重ねて行けるような、本当に自然的な芋づる式の広がりの中で、自分たちの長所を世界中に胸を張って問うていくことが可能となるような、新しい経営文化を生み出していくのです。

ミドリムシの事例のような「環境整備」までやってこそ21世紀の言論ではあるまいか

天才的な経営者が一人いたり、あるいはシッカリした伝統に裏打ちされた経営文化があるほんの一部の集団の中だけで成功事例がいくらあっても、日本全体が良くなることは決してありません。それぞれ全く違った価値観を持つ人が一億人以上も集まっている「国」というレベルでの舵取りとなれば、なおさら大きな困難にぶつかります。

そういう「大きさと重さ」のある世界において本当に実効性のある言論を考えていくには、ミドリムシの例を何度もあげたように、「大量培養」するためには、「あえて露骨な表現」をすれば、

不純物を淘汰しながら最上のものを選別的に展開できる特別な工夫が積み重ねられた場の設計

が必要なのです。

第1章では、その「特別な場」の生成を通じて、日本がグローバリズムに対して「横綱相撲」を取れるようになることが必要なんだという、「我々が目指すべきゴール」について説明してきました。

本章で扱ったのはあくまで「目指すべきゴール」の定義であり、「どうやって社会をその状況にしていくのか」という「実際的な手順」については、第2章以降で扱うことにします。

21世紀のリベラルの言論は、普通に生きている人間に過剰な自己抑制や高い志を求めすぎるものであってはならず、そういうのはただの恵まれた立場にいる知識人の自己満足にすぎないのであって、本当に生きている人間の集団に対して勝手に自分だけカッコつけているに過ぎないのです。

そして、**生きている生身の人間たちの〝知識人から見たダメな部分〟の「本来的な価値」を一段高い視点から汲み上げて働きかけることで、人間集団の生成する活動が全体として価値のあるものになっていくようなリーダーシップを取ろうとすることが、21世紀のリベラルの「最低限必要なマナー」**なんですよね。

しかし、そんなことはわかっちゃいるが今すぐ過去の自分を否定したりはできない気分の方もいらっしゃるでしょうし、そういうあなたの「武士は食わねど高楊枝的な理想主義のツッパリ」が、現状において社会が「現実主義という名のもとにあらゆる理想が踏みにじられる社会」にならないように緊張感を維持する機能としても、あるいは合意形成カーブが「凸型」になってからも、先述した「シグナルとしての異端者」として必要とされ続けるのも事実なんですよね。

ただ、そういう方にも全体として本書で扱っているような転換が必要なのだということにはなんとか合意していただかなくては私の使命的に困ってしまうので、本章の最後ではその点についてあと一歩の説得をしておきたいと思っています。

本書のような論調は、個々人には集団に対する何らかの「義務」的なものを果たす必要があるという考え方の、いわゆる「政治的な意味での保守」の人や、あるいは資本主義的な価値観に違和感のない人には受け入れやすいと思います。

一方で、旧来型のリベラルの人の中で、アナーキズム一歩手前なレベルで個人の自由を重要視する方にとっては、明らかに「一歩下がってもらう」世界観であるように感じられるかもしれません。

しかしね、実際にはそうはならないんですよ。

むしろ、そういう「ラブアンドピース」だったり「セックスドラッグロックンロール」だったり「造反有理」だったり「撃ちてしやまん」であったり「世界プロレタリア独裁実現のための同時革命」だったり、とにかく普通の一般的な社会の文脈の中に無理なく合致するような形では自分の人生の奥底の疼きを入れ込みきれないと感じているあなたのエネルギーを、近所に住んでいる普通のおばちゃんにも「なるほどねえ、あなたの言うこと、わかる気がするわ」と思ってもらえるような、そういう「極端さの世界と普通さの世界を無理なく繋ぐアダプター」こそが本書の狙いであり私がやっているような活動なわけなんですよ。

現状、ロックだったりパンクだったり、あるいはレゲエだったりすると特にそうなんですが、ミュージシャンを志す人は、やはり自分の音楽をちゃんと魅力的なものにするにはある程度「妥協のない理想」を抱いていなくちゃいけないわけですけど、それが「現実社会と結局両立しない絵空事の理想」であるよりは、ちゃんと「彼らが創りだす音楽」をあらゆる社会の普通の人の心の底まで無矛盾に受け入れてもらえて、一歩ずつみんなで理想へ向かって歩き出すことができた方が幸せなはずなんですよね。

だから、ぜひ心を開いて私のメッセージを受け取って欲しいんですよ。

そして世界はそれを待っているんだぜ

しかも、本書で扱おうとしているビジョンは、ただ日本の経済が立ち直るために必要だっていうだけの話ではないんですよね。

もちろん、日本の経済の回復のためにも「最短路」であり「唯一残された活路」であるとは思いますが、それに加えてこのビジョンは、「日本以外の世界の人たちにとっても必要なこと」であり、さらに言うなら人類という種族全体を、20世紀的な罵り合いを超えて「新しい段階」へと進歩させる方策でもあるわけです。

「はじめに」でも少し触れましたが、今の時代の世界の困難を単純にまとめると、

「アメリカの支配にムカついてる人は沢山いるが、だからといってテロリストがあちこちで横行する世界になってもいいのか？　ということになるとそういうわけにはいかない」

「グローバル資本主義が望ましくない側面を持っていることは誰でもわかっているが、だからといってそれを批判する人たちの中に現実的に社会を無理なく運営できるスキルがあるかっていうと全然ない」

というジレンマに尽きるわけです。

要するに、20世紀の色んな社会的人体実験を繰り返してきた結果、消去法的に残ってしまった「市場原理主義的な運営」と「アメリカ的な価値観による政治システム」が、「それ以外の選択肢は本当にダメだったねえ（ため息）」的に「唯一的な地位」を得てしまっているために、その全体像に対して不満な人は、今度は相当無茶な夢物語的なビジョンを語らざるを得なくなり、さらに「現実レベル」においては夢も希望もない惰性的な運営が止まらずに続いていってしまうことになるわけですね。

今、**世界は代替案を必要としているん**ですよ。切実に。

しかもそれは、**耳触りが良くてなんとなくそれっていいよなーと思わせる力があるんだけど実際に社会の運営に役立てようとしたら何の役にも立たない、あるいは実際に権力を握ったら混乱だけを撒き散らすことになるような、そういう「20世紀的に無責任な理想論」**

ではない

やつです。

そのためには、政治レベルにおける「アメリカ」を、そして経済レベルにおける「市場」を、否定しないことがまず第一歩なんですね。

現状のそれらは、ありとあらゆる価値観で生きている全世界70億人を無理やりにでも共通のルールの中に押し込むために、かなり硬直的にならざるを得ない状況になっています。曖昧な例外や「空気」的なレベルでの自然的な連携などを無理やり入れ込むと、それを世界的に無理やり押し付けて共有させることができなくなるからです。

しかし、その「常に明晰で全方位的な説明責任をありとあらゆる人間が持っていなくてはならない」みたいな状況は、ありとあらゆる人間が毎日生きているこの浮世の現実からすると、システム的に明らかに、

網目が粗すぎる

わけですね。

だから、学歴的に脚光がちゃんと当たっているほんの一部の守られた人たちはその「ちゃんと網目にかかっている範囲内」だけで生きていけるからいいとしても、その「網目がかからない部分」の性質を生まれ持ってしまった人間は、もうどうしようもない。

無理してキュウキュウと「粗すぎる網目」に捕捉されようと頑張るわけですけど、そんな無理はどこかでハジけてしまいます。その結果が小さく言えば個人の犯罪だし、大きく言えばテロだったり政情不安だったり、あるいは国全体として今の世界秩序に挑戦しようとする一部の国であったりということになります。

でもねえ、いかにアメリカや市場が息苦しいからといって、犯罪行為やテロを容認するわけにもいかないしねえ……ねえ？

ここで「もう網を張るの止めようぜ」っていう方向に行くのは実際には絶対無理なんだってことを20世紀の不幸によって我々は知ってしまっているので、だからこそ人類がまだ知恵を得ていない牧歌的な時代には「なんかいけそう」と思えて気分のガス抜きになっていたお手軽な数々の理想論にはもはや飛び乗れないんですよね。

それは非常に辛い状況ではありますが、「ニセモノの希望」に誤魔化されずに済むという意味においては、人類が一歩前に進化するチャンスであるとも言えます。

「本当の正解」以外は徹底的に拒否される状況に追い込まれないと選べない選択肢っていうのもありますからね。

それは日本にしかできない使命なんだ！

政治レベルで言うなら「アメリカ」、経済レベルで言うなら「市場原理主義」が用意する統治システムは網目が粗すぎて、こぼれ落ちてしまう人間が世界中に出てくる。それがシンドイと思っている人は世界中にいるし、当のアメリカ人だって結構辛いと思っているんだけど、だからといって全部捨てて原始時代からやり直すってわけにもいかない。

だとするとどうするか？

「網目をどんどん高精細にしていく」

しかないですよね？

しかし、それができる集団というのはなかなかいないんですよ。

アメリカにはできない。なぜか？　彼らはとりあえず自分たちのあり方を常に世界全体に共通ルールとして押し付け続けなくてはいけない宿命を帯びているからです。

それは彼ら自身の利益のためのエゴという側面ももちろんありますが、しかしそれだけではなくて（そういう一面的な見方は徐々に卒業していきましょう）、現状では世界中の人たちが、やはり共通ルールをゴリ押ししてくれる存在を切実に必要としているのです。

だからアメリカは「押す」ことしかできない。

ヨーロッパの国々はどうか？　ひょっとすると可能性はあるかもしれない。普通に考えると日本よりも可能性があると思う人の方が多いでしょう。

しかし彼らは自分たちの土着の文化が世界を制覇してしまった環境で生きているので、根こそぎに自分たちの文化の根っこを否定されて考え直さないといけないような厳しい状況に置かれたことがない。

だからこそ、「アメリカ的なものへの忌避感」が高まると、すぐに習い性の「20世紀的なリベラル」的な解決策に退行していってしまいがちです。

結局その道は、なんだかんだ耳触りの良い解決策〝っぽいもの〟は沢山提示できるものの、ことごとく「20世紀にやった失敗と同じ障害」にぶつかることになります。

ヨーロッパの知的・哲学的遺産というのは相当なものですから、ひょっとするとマイナーで傑出した個人には「その先」を描ける可能性が残されているのかもしれませんが、ちゃんと「社会全体」でそれを共有して力強く新しい経済として成立させていくことは、やはり物凄く困難だと言わざるをえないでしょう。

そして実際にはどういう結果になりそうかというと、そういう「夢見がちで無責任なリベラル」が存在する分だけ、表裏一体の影としての「過剰な市場原理主義者」のムーブメントが当然必要とされる因果関係に巻き込まれてしまうので、押し合いへし合いの結果どちらにも進めない閉塞状態になるか、あるいは危機においての過剰なまでの緊縮財政が必要になったりすることで、「もともとのリベラルな理想論」からは程遠い現実に着地してしまうことになります。

ここで、**そういう過剰な市場原理主義者は、夢見がちで無責任なリベラルが存在するからこそその表裏一体の影として生まれてこざるを得なくなるのだという因果関係を正しく理解して、影と本体同士で自分たちは悪くないお前だけが悪いんだ的に罵り合いを続けるのは徐々にやめていきましょう。**

では、中国を始めとする新興国たちはどうか？　これも難しいでしょうね。

彼らはまだ、そんなまどろっこしいことを考える前にできる、手っ取り早い経済成長のネタが尽きないですから、その国々ではまだまだ「優しくない無理やりな経済発展至上主義」をバランスするために、「物凄くアナクロなまでに伝統的なタイプのリベラル」が必要なんですよ。合意形成カーブがM字になったっていいから、社会の中のリベラル的な感性を持った人間たちはとにかく全力で昔ながらのリベラルの理想論を叫ぶ必要があるわけです。

先ほどヨーロッパが「その先」へ集中して動いていくことができない理由について述べましたが、実は彼らは、アメリカが「共通の客観的なルールを世界に示し続けなくてはならない」のと同様に、ヨーロッパは夢見がちで非現実的だろうとなんだろうと、「欧州風の理想主義のビジョン」を世界中に示し続けなくてはならない使命があるからなんだ、という好意的な表現も十分可能でしょう。

現在発展途上の国々においては、というか実際のところ日本やアメリカにおいてすら、ヨーロッパの経済的・文化的存在感が明日一気にゼロになってしまったりすると、あらゆる「いつかこういう世界になったらいいなあ」的な理想論がすべて「甘いこと言ってんじゃねえ！」的なガサツさによって絶滅するまで踏みにじられてしまう可能性があります。

だからこそ、「ヨーロッパはヨーロッパであり続けてもらう」必要がどうしてもあるわけです。

じゃあ、もう、日本がやるしかない……ですよね？

日本ならできる理由

では、今度は、その「世界の他のどこにもできないこと」が「日本ならできる」理由について述べます。

これはもう、どれから話していいかわからないぐらい、沢山あります。もう、日本はこれをやるために本来的な性質を与えられているんだし、これをやるために今の状況になっているんだ、と言ってしまっていいほどのものです。

まず日本は、内需比率が8割を超える、しかも世界第3位の経済大国です。自分たちが自分たちらしさを発揮していこうとなった時に、かなりの規模で実際の市場を相手に試行錯誤をしていくことができます。

これは韓国やシンガポールにはできないことです。彼らは一国の規模が小さすぎて、国外のトレンドの影響を骨の髄まで受けざるを得ず、その結果この10年ほどは「自分たちの本来的な良さとは？」とかいった、「まわりくどくてまどろっこしい問い」にみんなで取り組んでウンウン唸るような性質は根こそぎ焼き払ってグローバリズム的ゴリ押しをすることで見かけの経済的パフォーマンスを絞り出すことができていますが（それが今後とも続けられるような無理のないものなのかどうかは賛否両論あるでしょうから言わないとしても）、「自分たちらしさを自然的に発揮する全く新しい経済的ビジョン」を具現化することは、決してできないでしょう。

彼らは「今のグローバリズムシステム」に最適化し尽くされてしまっているからです。

また、日本に可能性があるのは、単なる経済規模や内需比率の問題だけではありません。

過去に一度、経済的に「世界一になりかけた国」だということが、どうしても決定的に必要な性質

なんですね。

つまり、「世界一になりかけた記憶」がないと、まずは「今の世界一を目指して頑張る」よりさらに上のレベルのことに、広範囲の構成員の意識を集中させるなんてことはできないんですよ。ほんの一部の物凄く奇特な人は考えることはできるが、国全体でそういう方向に向かうなんてことは決してできない。「坂の上の雲」を目指している人間は、その雲より高くなってからどうしよう？　なんてことを必死に人生賭けて考えるなんてことはできないのです。

日本には、まだ「世界一になりかけた時代」を知っている人が沢山生きています。そして、その時に、なぜかそのゴールは自分たちの手をすり抜けて消えてしまった、その痛烈な記憶を誰しもが共有しています。

「ただ無理やり経済発展するだけじゃ、ダメなんだよな」

という感覚はありとあらゆる人の精神の奥底まで染み込んでいます。**そうならないと目指せない世界ってのがある**んですよ。

今、中国では、とにかく建物立てれば数字が立つっていうんで、もの凄い僻地に誰も住んでいない超高級ゴーストタウンを量産しているエリアがあります。それを見て、「バブル期の日本も思い返せばアホなこといっぱいしたけど、同じアホなことやるにしてもさすがに中国さんはスケールが違うなあ」と我々は思ってしまいますが、実際には、「経済運用の網の目」が粗いとどうしてもああなってしまうんですよ。

たとえば100億円だったら100億円が投資されて何かに使われるとなった時に、「やる意味あること」をちゃんとみんなが深く深く考えて100個200個の「有意義なチャレンジのネタ」が用意されればそれらは有効に使われますが、そういう無数のチャレンジのネタを、しかも「みんなが生きてる意味を感じられるようなステキなもの」として沢山考えて用意するというのは、相当難しいことです。

結局、「とりあえず家だろ、家」というようなアイデアしか共有されてないところで無理やりにも好景気を演出しようとするなら、同じ形の建物をとにかく沢山建てまくるしかないことになります。

そこで「こんなのに意味あるのかなあ」なんて考えはじめると、確かに何がなんでも建物建てまくるぞ！　っていうような方向ではお金が回らなくなりますから、だんだん不景気にもなるんですよ。「こんなの別にこの安いやつでよくない？」的な価値観が支配的になるから当然デフレにもなる。

しかし、そうやってデフレ経済を20年間続けることによってのみ、「本当に自分たちが幸せになるような経済的チャレンジってなんだろうね？」ということを、ほんの一部の知識人の密室のるんですよ。

独り言のレベルを超えて、「広い範囲の生身の人間の本能のレベル」で共有することが可能にな

そしてその「準備」は日本では十分整ってきているのです。無理やりな好景気演出は全てはねつけますが、本当に底堅い景気を立ち上げていくことさえできれば、今度は自分たちを見失わずに、「本当に必要なこと」を無数に具現化していける土壌が既にできているんですよ。

同じような意味で、アメリカとの関係も、日本は理想的な状況にあります。

戦争で負けたし日米同盟もあって米軍基地も沢山あるから、単純にアメリカがムカつくからといってアメリカを真っ向否定することは相当難しい状況におかれている。

ヨーロッパはアメリカに対して劣等感もないし戦争で負けたわけでもないから、アメリカの今のあり方がムカつくとなったら、「じゃあそれとは違うヨーロッパ流のリベラル主義でいきましょう」というところに落ち着いてしまうわけですね。

しかし日本はそれができない。

自分たちの自然性をよってたかって否定され否定され否定され尽くし、それでも必死に跳ね返し跳ね返しながら、たまに不幸な過ちを周辺に吐き出してしまいつつ、それをさらに自己反省しなくてはならなくなってどこまでも内向しながら「真実」を求めて孤独な苦労を重ねてきているわけです、我々は日本人はね。

「アメリカを否定したいけどしきれない状況」の中で、イニシエの失われし文明の言葉で言うな

ら「止揚（アウフヘーベン）」的に、宮崎駿（はやお）氏の『天空の城ラピュタ』で超文明のラピュタを有機物の大木がウネウネと包み込んでいたように、柔よく剛を制すの精神で現代のデジタルすぎる文明をアナログに優しく包み込んでやれるのは我々だけです。

より長期の歴史的な視点で、日本の本来的特性のことを考えても、日本はありとあらゆる「外来のもの」を、小型化し精密化し、外来のオリジナルとは似ても似つかないほどに改善してしまうことを、自分たちの最大の強みとして古来より生きてきました。

今まさに必要とされている課題も、「アメリカ的な政治システムと、市場原理主義的な経済システム」という「今はまだ大雑把すぎるモノ」を輸入し、内輪でトコトンつつきまわし、手触り肌触りのレベルでどこまでもピッタリ来る超精密なレベルに進化させることなんだ、と考えれば、アメリカが発明した自動車大量生産システムを、日本がどこにも真似できないレベルまで高度化して、ほとんど別のものだと言えるような進化をさせたのと、「同じこと」をするだけなんだと言えます。

日本が今やるべきことは、これだ!!

「日本だからできる理由」をあげていったらまだまだいくらでも話せるのですが、そろそろこの辺にしておきましょう。

実際日本がやるべきことを図にしたのが次頁の図1−4です。

図中に沢山書いてある小さな人型は、それぞれが「人間」を表しています。

そして、その集団にかけられている「アメリカ的政治システムと市場原理主義的な経済システム」の網の目は非常に粗いものでしかないので、たまたまその網の目に引っかかる位置に生まれたほんの一握りの人たちは幸せになれますが（黒塗りにしてあるのはとりあえず活躍できているという意味です）、その網の目から外れてしまった位置に生まれた人たちは、決してちゃんと表の世界のシステムでは浮かばれることなく、放っておかれることになってしまいます。

放っておかれた人たちは、無理やり自分を網の目の中に押し込もうとするか、あるいは社会からドロップアウトして無気力に福祉に頼って生きたり、場合によっては犯罪に走ったりします。

大きく見ればテロや政情不安の国の原因でもあるし、実際に火を吹く戦争の大元の部分の火種はこういう「すくい上げられていない人たち」が沢山いる不満が渦巻いている結果だと言っていいでしょう。

過去の歴史において人類はこういう状況になった時に、「網そのものを捨てられないか」と模索しはじめ、実際に無理やりそういうことをしてみたら実際に社会を滞りなく運用することができなくなって、強固な網があった時以上の不幸な結果を引き起こすことになってしまいました。

結果として、今の世界は「この網がムカつくとみんな思ってるんだけどどうしようもない」という状況にあるわけですね。

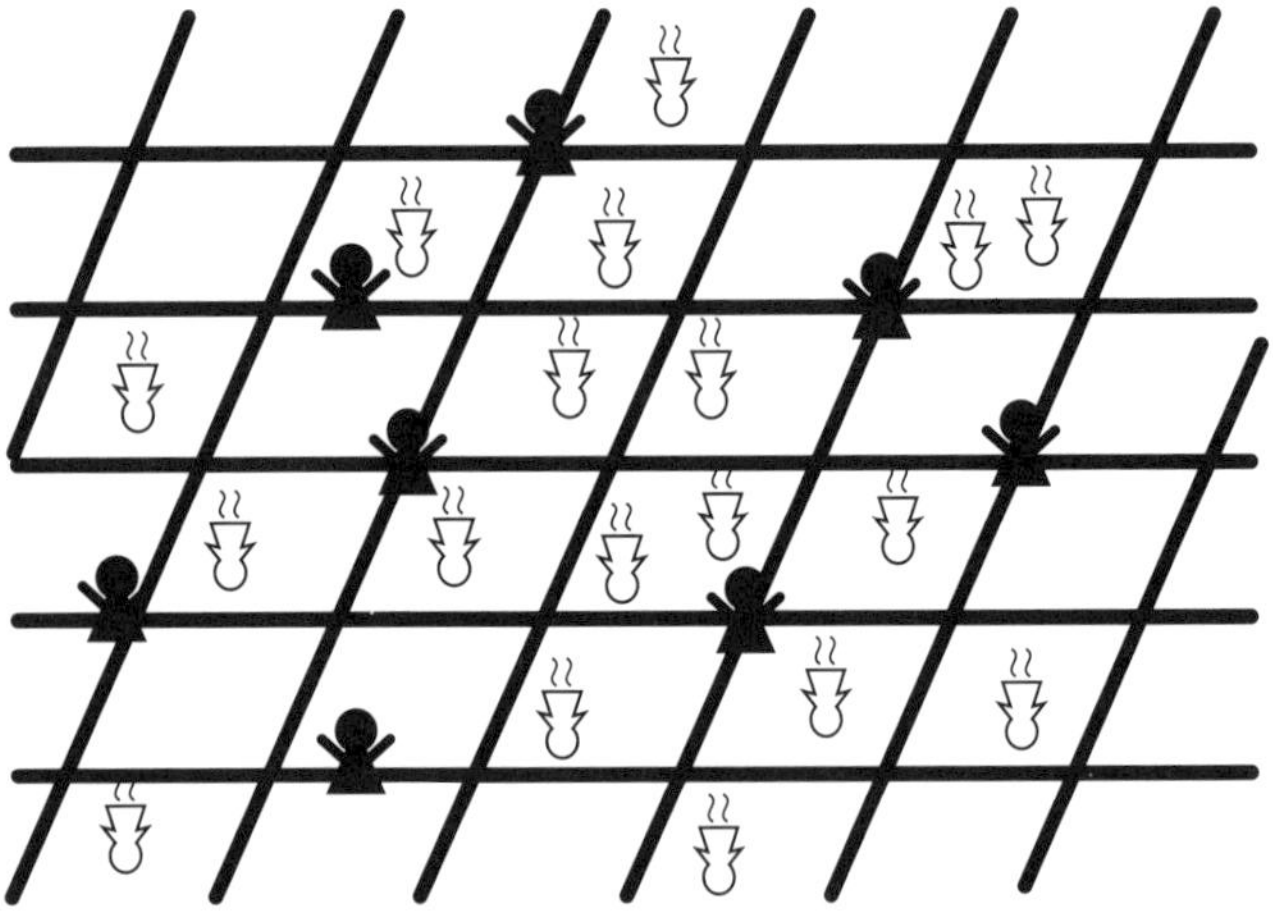

図 1-4　粗い網目に収まる人だけが活躍できる社会

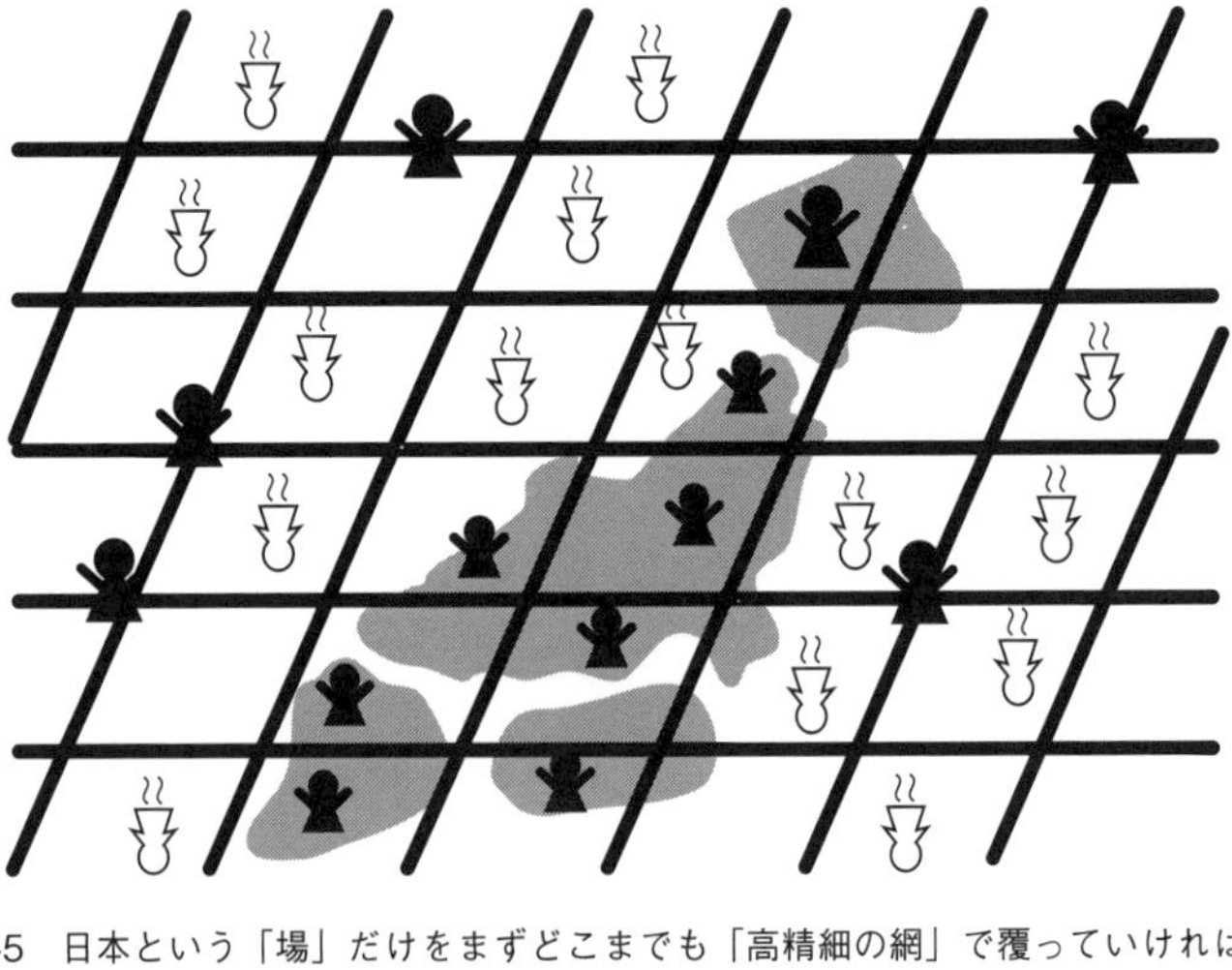

図 1-5　日本という「場」だけをまずどこまでも「高精細の網」で覆っていければ、それはグローバル経済を通じて世界中に広がっていく

しかしここで、東洋のある島国において、

「もう網を捨てるとかいう非現実的なことを言うのは止めよう。なんとかこの網を高度化していって、みんなが引っかかるようにすればいいじゃん」

というムーブメントを一致団結して起こせたらどうなるでしょうか？

結果は図1−5のようになります。

場の合意形成カーブがM字から凸型になり、夢見がちで無責任なリベラルも絶滅するかわりに、現実を無視して外国の事例の尻馬に乗って現場で生身の研鑽を日々重ねている人間を押しのけてエラそばることが唯一の特技であるような「グローバリズムの威を借る狐」たちも徹底的に弾圧される、そしてなんでもかんでも一つ覚えの市場原理主義を連呼しているだけの狂信者も絶滅させる。

その結果、「大方針としてのアメリカンな政治システムや市場原理的な経済システム」と、「本当に人々が生きている生身の現実」との間をなんとか繋ごうとする真摯で生身な努力たちに大域的な注目とサポートを集中的に傾けていくことが可能になる。

結果、

「世界に通用している粗い網」を否定することなく、その延長に「高精細な独自の網」でパッチワークをあてる

ことになります。

そうすれば、**「粗い網はウザいけど他に選択肢がないという絶望」に苦しむ世界中の人に「粗い網を否定することなくアップデートする方法」という、「太陽よりも明るく世界を照らす希望」を与えることができます。**

しかもこれは、フワフワしたリベラル風の理想主義として提示するのではありません。

「新しい経済運営の方法」の自然的帰結としての、誰も否定しようがない経済パフォーマンスの指標によってその圧倒性を世界中に示すのです。

実際には日本より人口が圧倒的に大きい国も結構あるわけですから、積算のGDPの順位にはこだわる必要がないと思います。

しかし、「一人当たりGDP」のランキングだけは、近いうちに一位を取って、しかも永久にそこは日本以外の国には取れないな、と世界中に思わせてしまうところまで行きましょう。

それは十分可能です。本当に「凸型の合意形成カーブ」が日本国内で隅々まで実現できれば、自分たちだけ何倍も大きなエンジンを乗せて走っているようなものですし、それはやればやるほどさらに加速度的に高度化していける種類のものですからね。

そして、日本国民全員で、満面のスマイル顔をバッチリ決めてこう言ってやるのです。

「たしかに俺らはこれが自分たちに向いてると思ってやってんだけどさ、まぁ君らには君らの事情や譲れない性質もあるだろうから、それぞれに合ったやり方を見つけるのがいいんじゃないかなァーー君らのこと応援してるよ頑張ってね‼」

（まぁ俺らがやってる道がどう考えても最も卓越した結果に繋がる最善の道であるという確固たる自信の気持ちはあるがね）

21世紀の〝Power to the People〟

「淘汰する」だの「弾圧する」だの「絶滅させる」だの物騒な言葉遣いを〝あえて〟しているので、（実は心中に密かな爽快感を覚えてしまったことを自覚されて、それ故に真剣に何かを問いなおしてくれたらいいなと思いつつ）生理的な不快感を感じられる良識的な読者の方もいらっしゃると思います。

しかしね、これは本当に、僕が昔からずっと「リベラルの理想主義」を持って真剣に生きてきた結果としての提言なんで、旧世代的なリベラルの方にはぜひとも受け取って欲しいんですよ。

ただ気分的にムカつくとかいう理由で批判してるんじゃないんですよ。私はあなたがた旧世代のリベラルと同じ志を持って、あなたがたに冷笑的な時代の中でどうしてもあなたがたの過去の行動に未来に繋がる価値があったんだということを主張したいがためにやっているんだということをご理解いただきたいんです。

このビジョンはね、21世紀の「Power to the People（民衆へ力を……一応付記しておくとジョン・レノンの名曲です）」なんですよ。

あらゆる「知的な言論活動」っていうのはね、やっぱ毎日生きている生身の人間たちがちゃんと幸せに生きられるように設計されるべきものなんですよ。ですよね？

なんせね、「知的っぽい議論」ができる環境に生まれた人っていうのはそもそも人生の初期段階から相当恵まれていることが多いし、その後も学歴的なシステムに守られて、多少なりともまわりくどくてまどろっこしいことをアレコレ考えたりもできる環境を「信託」されてるんですよ。

その「必死の思いで信託された特権」を、

「これ言っておいたらとりあえず評価されやすいから地位と金に繋がる」
「これ言っておいたらなんか俺カッコよく見える」
「これ言っておいたらとにかく俺がスカッとする」

みたいなね、そんなことに使うのはやっぱゲスのやることですよ。

そしてもちろん、20世紀のリベラルっていうのは、20世紀には意味があったんですよね。

それはね、

「大阪から東京の新宿まで行くには、とりあえず新幹線に乗る必要があった」みたいなこと

なんですよ。（図1-6をご覧ください）

つまり、「もともとあった古い社会の優しくも時に理不尽な圧力」が物凄くあった時代にはね、何がなんでも無理やりでも夢見がちでも無責任でも無茶苦茶でもいいから強いメッセージとしてリベラルを標榜することが必要だったんですよ。

大阪から新宿に行くには、多少行きすぎてしまうとしても新幹線に乗ることが必要なよ

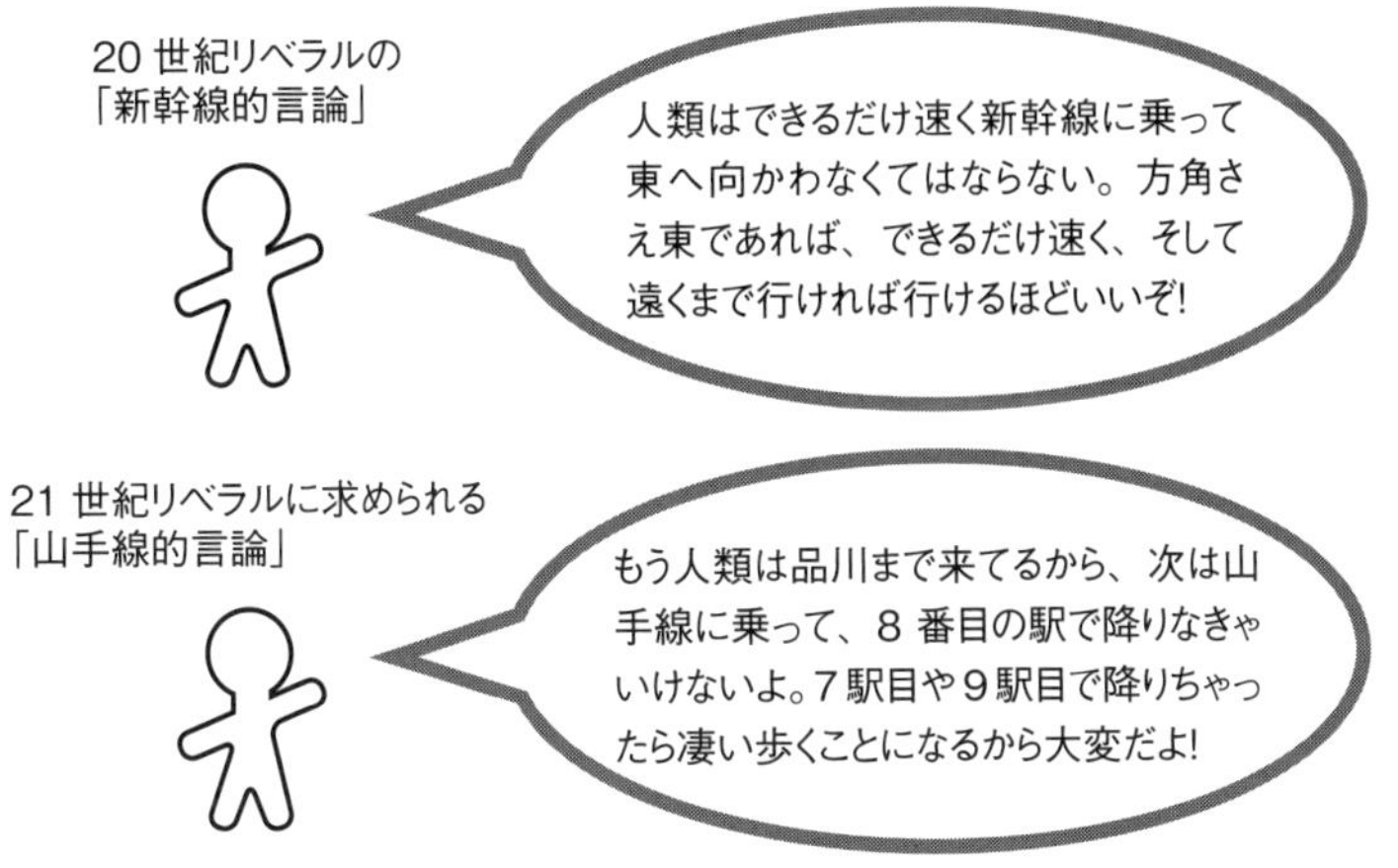

20世紀リベラルの
「新幹線的言論」
人類はできるだけ速く新幹線に乗って東へ向かわなくてはならない。方角さえ東であれば、できるだけ速く、そして遠くまで行ければ行けるほどいいぞ!
21世紀リベラルに求められる
「山手線的言論」
もう人類は品川まで来てるから、次は山手線に乗って、8番目の駅で降りなきゃいけないよ。7駅目や9駅目で降りちゃったら凄い歩くことになるから大変だよ!

図1-6　20世紀のリベラルと21世紀のリベラルに求められるものの違い

うにね。

先ほども述べたように、新興国では今でもそういう状況ではあるんですよ。でも先進国は違うんです。

言ってみればもう品川駅なり東京駅に着いてしまってるんですよ。

これからは、**「とにかく一方向にドヒュンと行けるだけ行ってしまえ的言論」じゃダメ**なんです。

現実の複雑さに対する敬意が全然なくて、なにかあったら全てそれは古い社会にしがみつく頭の固い既得権益者のエゴが悪いんだってことにしておけば許される時代じゃないんですよ。そういうのは、ただの**「知識人コミュニティの内輪のエゴ」**なんですよね。

「知識人コミュニティの内輪のエゴ」じゃなくて「本当に生きている民衆のための言論」が今切実に必要なんですよ。

そのためには、ちゃんと行きすぎてしまわないように、

在来線で一駅ずつ進んで、ピッタリ新宿で止まれるような言論をはじめなくちゃいけないんですよ。

でも実際には「新幹線言論」の方が派手でカッコいいし、なんとなく主張してる人が自分で自

分のことを偉くなったような気分になれるから、そういう「20世紀的リベラルな大声」が、

「次は山手線に乗って8駅目で降りなくちゃ」的なことをちゃんと地道に積み重ねようとしている人たちの声を知らず知らずのうちに徹底的に弾圧している

んですよ。『ジョジョの奇妙な冒険』のセリフっぽく言うなら、

「あなた、地道な言論を弾圧しまくってきた人ですよね？　他人を弾圧しまくるってことは、逆に弾圧されるかもしれないっていう危険を、常に覚悟している人ってことですよね？」

という状況なんですよ。

そして繰り返すようですが、

「夢見がちで無責任な20世紀的リベラル」

と、

「現実を無視したグローバリズムの威を借る狐や市場原理主義の狂信者たち」

っていうのは、

表裏一体の光と影、同じレベルの存在にすぎない

んですよね。自分たちの方が倫理的に上であるかのような錯覚がちょっとでも残っているようなら、あなたはまだ21世紀の先進国の言論者としての資格はありません。

今必要なのは、言葉尻においてだけ「虐げられた人々の味方のフリをして俺って良い人だなぁと悦にいる言論」ではないんですよ。

そうではなくて、

自分の言論が世の中に広がっていった時に、その「現実的な帰結」として、本当に「生きている生身の人々は幸せになるだろうか？」という真摯な自己反省の繰り返しに支えられた言論

なんです。

もちろん、あなたが徹底的な自己反省ののちに、今はとりあえずまだ暫定的に、「逆側の無慈悲さ」が行きすぎないようにバランスをとるために、あえて今までと同じような理想を掲げることが必要な段階だという覚悟が決まったのなら、あなたは21世紀の言論者としての資格を得たと言って良いでしょう。

しかしその時にも常に、全体として合意形成の場を「凸型」へと誘導すること、それによって「本当に実効性を持って一歩ずつ社会を変えていく」こと、そして「逆側に立っている人たちが、ただのエゴからでなく彼らなりの真摯で切実な事情と思いゆえにやっているんだ」ということを忘れないようにしてくださいね。

そういう流れになることは、あなたがたの過去を否定することになるように感じるかもしれません。

しかし安心してください。

実際にこの「項羽と劉邦作戦」が進展していけばいくほど、過去のあなたがたの暴走的な振舞いに対して、失望と怒りを持って「結局恵まれたボンボンがワガママで騒いでいただけじゃん」と思っている「普通の人たち」が、「ああ、あの人たちがやってたことにも意味があったんだな」と納得してくれる世界が来ますよ。

そして、「あたらしいこのビジョン」をもっと具体化し、肉付けし、わかりやすいキャッチフレーズに転換し、熱意をもって展開していくことは、直情的すぎる右翼さんには決してできないことなんですよね。彼らはそれをやるための「用語」も「文法」も「議論の蓄積」も持ちあわせていないからです。

だからこそ、そこで本書を読んだ「古い世代のリベラル」のあなたが、

「お若いの、20世紀の恐竜みたいな左翼の俺だが、それなりの年季ってもんもある。こういう時にどうやってアジるのか、どうやって〝たたかい〟をやるのか見せてやるぜ！」

ってな感じで続々とこの「項羽と劉邦作戦」に参加してくれることを私は期待していますよ！

あんたら、憲法変えられたくないんでしょ？

じゃあ目覚めるのはいつなの？

変わるのはいつなの？

今でしょ？

「あたらしいリベラル」を始めましょう。左翼の伝統に従って「あたらしい」はひらがなでね。

Say you want a revolution
We better get on right way
Well you get on your feet

And out on the street
Singin' power to the people!
Power to the people!
Power to the people!
Power to the people, right on!

革命が必要だって言うんなら、さっさとやっちまおうぜ
さあ立ち上がって街へ出て、こう叫ぶんだ

民衆に力を！
民衆に力を！
民衆に力を！
民衆に力を！　それも今すぐに!!
（John Lennon, "Power to the People"）

第2章 水が低きに流れるように、なすがままになさしめよ

もっと劇的なことなのかと
ずっと想像していたけれど、
月が満月になっていくように、
この事それ自体は何気ないものだった……。
（『ジョジョの奇妙な冒険』のセリフ）

第1章を振り返ると……

第1章では、我々がこれから「目指すべきゴールを描く」ことに集中してお話ししてきました。まずは簡単に振り返ってみましょう。

グローバリズム的に次々と生起する課題たちに対して、自分たちの自然性の全否定に陥ることなく、逆にただ時代の変化に目をつぶって引きこもってしまうこともなく、一歩ずつ着実に、本質を捉えた成長をしている証拠である「芋づる式の展開」を、ありとあらゆる局面で同時多発的に起こしていくためには、「横綱相撲の姿勢」が取れなくてはいけません。

どんな規模の組織でも、そして国単位での物事に関しても、「横綱相撲の姿勢」さえ取れれば、むしろどんな時代の変化にも恐れることなく、スムーズに「改革」を実行していくことが可能になるのです。

逆に、「横綱相撲の姿勢」を取ることができなければ、国内におけるほんの一部の先進的事例において、「俺たちはあいつら鈍重な古い日本人どもとは違うんだからな！」というような意識付けを必死に行って、自分たちの自意識を特権化させていくことでなんとか暫定的な成功事例を作ることは可能だったとしても、それをより大きな規模の組織、そして国単位の課題に広げていくことは決してできない袋小路に陥るわけですね。

そういう「先進事例を作り出す役割の人たち」が「悪い」わけでもないし、彼らの存在もどうしても必要な私たちの大切な一部分なわけですが、彼らの成功をより大きくしていく時に、その「副産物」として「彼ら以外の伝統的な日本社会の強み」を蹂躙していってしまう効果があるため、結局日本社会はどちらにも進めないままバカバカしい20世紀的罵り合いを続けるだけに終わってしまうのです。

その対立を乗り越えるのは、「どちらかの立場にたって相手側にすべての責任を押し付けるタイプの20世紀的言論パターン」を捨てて、「場の合意形成カーブ」を「M字から凸型に変えていく」ような環境整備が必要なのでした。

そして、「場の合意形成カーブ」を凸型に転換することさえできれば、小さな組織から大きな組織、そして国レベルの課題たちにいたるまで、あらゆる「改革の必要性」に対して常に「横綱相撲」の姿勢を取れるようになり、自分たちの本質的長所をグローバリズムの中で思う存分表現していける「環境」が整うわけです。

ミドリムシの大量培養の例からわかるように、我々は個別の論点において「自分の反対側の敵を論破」することに血道を上げるのではなく、「良質の具体的な解決策の大量培養」に最も適した「場づくり」「環境整備」にこそ集中するべきなのです。

そして、日本社会が今まさにその課題に取り組むことは、同時代の世界の構造から言っても、そして何らかの「リベラル的な改革運動の歴史」から言っても、

「日本にしかできない」

「日本がそれをやることによって世界の人たちが助かる」

「日本なら一番得意にそれができる」

課題なのだ、というところまでが第1章の内容です。
そしてこれは**新しい時代の「Power to the People」的なチャレンジ**なのでしたね。

第2章では、その「具現化」方法について話します

第1章の内容が「我々が目指すべきゴール」を描くことだったとすると、第2章は「ではどうやってそのゴールに向かって自分たちを動かしていくのか」です。

そこで「各人が高い自覚をもって毎日の生活の中で意識していくことが大事ですよね」で終わらないということが、21世紀の言論の最低限必要な要件なんですよね。

それに、ここまで価値観が多様化し、さらにインターネットなどの多様なメディアがさらに発達していく時代の流れの中で、昔の時代にあったような無理やりな大衆動員的なコミュニケーションの手法が急速にその有効性を失っている時代ですしね。

そこで、我々が目指すべき方向は、図2-1のような世界観です。

今の世界は、図2-1に見られるような「二股の注射器を両側から必死に押し込んでいる」状態だと考えられます。

「アメリカ的な政治システム」「グローバル資本主義のメカニズム」そして「20世紀的なリベラルの言論」などが、注射器を片側から全力で押し込んでやろうとしています。

彼らからは「敵」が見えていて、それが色んな意味での「土着的な共同体側に立っている保守主義者」たちであり、そして「〝現場〟的なレベルでの実効性を失わないために必要な事情」がそれを本能的にバックアップしています。

そして、現状では二股の注射器の針先が開いていないので、片側から押し込んだ圧力は、100％そのまま「相手側への攻撃」になってしまっています。

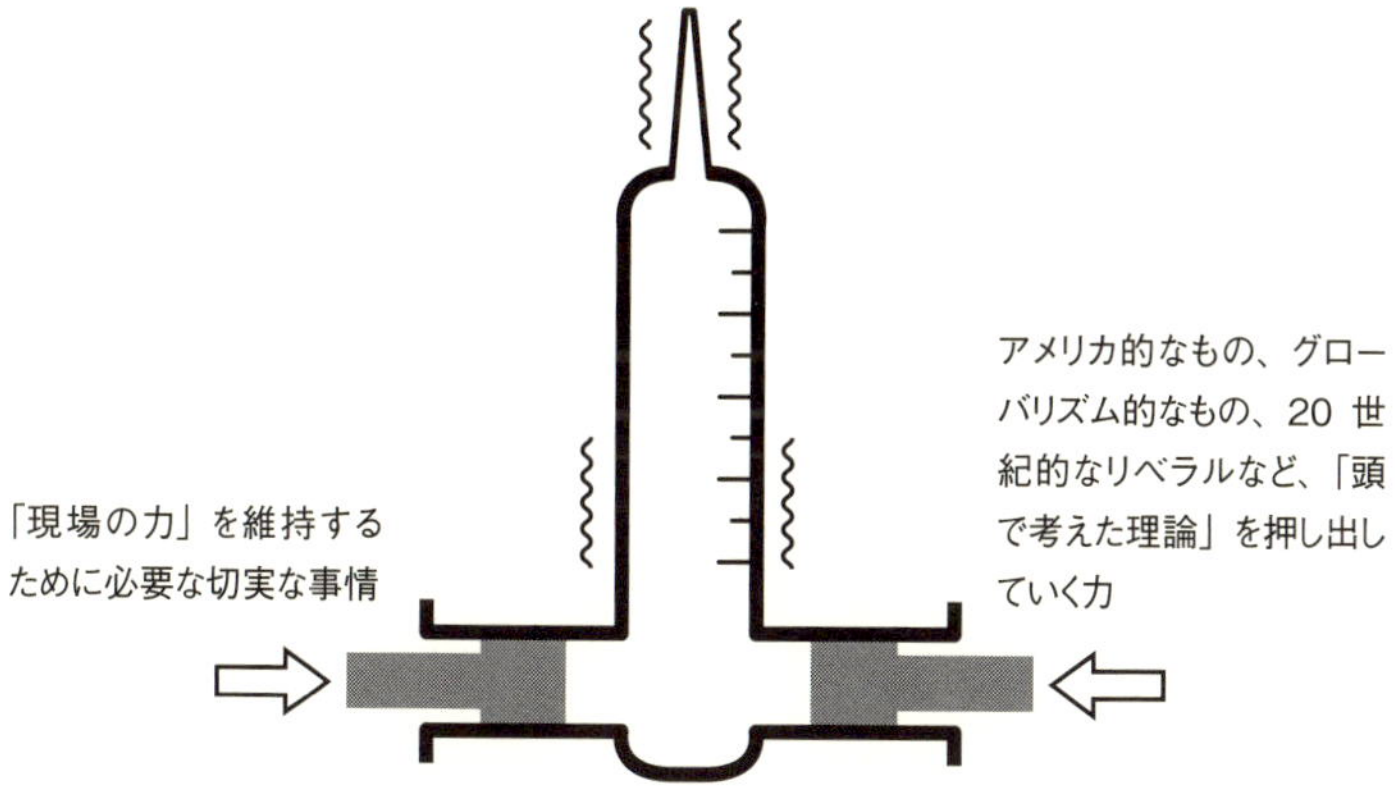

図 2-1　両側から押し合う二股の注射器

彼らは両側からこの注射器を真剣に押し込んでしまいたいと思っていて、逆側から押し込んで来る憎たらしい敵を押し切ってしまうことが、今この世界にとって必要なことであるとすら思っています。

その結果、ほんの小さな集団や、ある程度大きくても一代でワンマン社長が築き上げたような特殊な集団を除いては、どんな「改革」をやろうとしても、注射器を押し込めば押し込むほど逆側から必死に押し込んで来る「抵抗勢力さん」が生まれるため、いくら「ぶっ壊す」とか「ナンチャラなくしてナンチャラなし」的な勇ましいスローガンを叫びまくって一時押し込めたように見えても、いずれすぐに巻き返されて結局は硬直状態に舞い戻ってしまう。

そうやってどこにも進めないで押し合いへし合いしているうちに徐々に徐々に衰退していってしまう焦りゆえに、さらにさらにさらにさらに両側から必死により強い力で押し込んでやる！と頑張ってみても結果は同じなのは、この「二股の注射器の図」を眺めるだけで小学生でも理解できてしまう現象ですね。

ではここであなたに質問です。この二股の注射器の硬直状態を解放するにはどうしたらいいでしょうか？

「針先に穴をあけること」

ですよね？

「寛容の論理」から「非寛容の論理」へ

20世紀的な価値観で最も「理想的」とされた世界観は、「寛容の論理」でした。つまりは色んな人のそれぞれの違いを受け入れて、共存できる社会にしていくことが理想なんだ、という考え方です。

もちろんその理想自体は素晴らしいものだと私も心底同意していますし、これは過去のアレコレの不幸な出来事から人類が学び取った教訓として定着してきた原理ではあるのですが、これも第1章で述べたような「新幹線的なリベラル言論」から「各駅停車の山手線的なリベラル言論」への展開が必要な時代なんですね。（図1-6）

「新幹線的言論」が現実から浮き上がっている分だけ、「逆側」から必死に押し返す「必然性」が生まれてしまうからです。「山手線言論」さえ共有できれば、わざわざ必死に罵り合ったりしないで「そうだね、8駅目で降りればいいよね」となれるんでしたね。

現代の世界における「寛容の論理」というのは、そういう意味での「新幹線的言論」の典型的な問題を引き起こしているんですね。

このテーマについては、靖国神社問題の根底的解決策という視点で別の本にまとめる話が進行中なので本書では簡単に述べますが、今あるほとんどの「寛容の論理」は「新幹線的なリベラル言論」すぎて、21世紀の現状においては余計に「現場的多様性」を抑圧する結果になっているんですね。

「寛容の論理」を大雑把すぎる形で押し付けてしまうと、結局ある範囲を超えた人数が集まる場の運用方法は、物凄く脱臭脱色された最大公約数的なものにならざるを得ず、本当にそこで生きている生身の人間の毎日の感覚からすると「他人事すぎる」ものにしかなりません。

そういう「脱臭脱色された最大公約数的な場の運営」をやっていると、図1-4のような問題で、自分の居場所を見つけられない人たちが増えて、ほんの一部の特殊な人間の能力しか吸い上げられない経済になるので、当

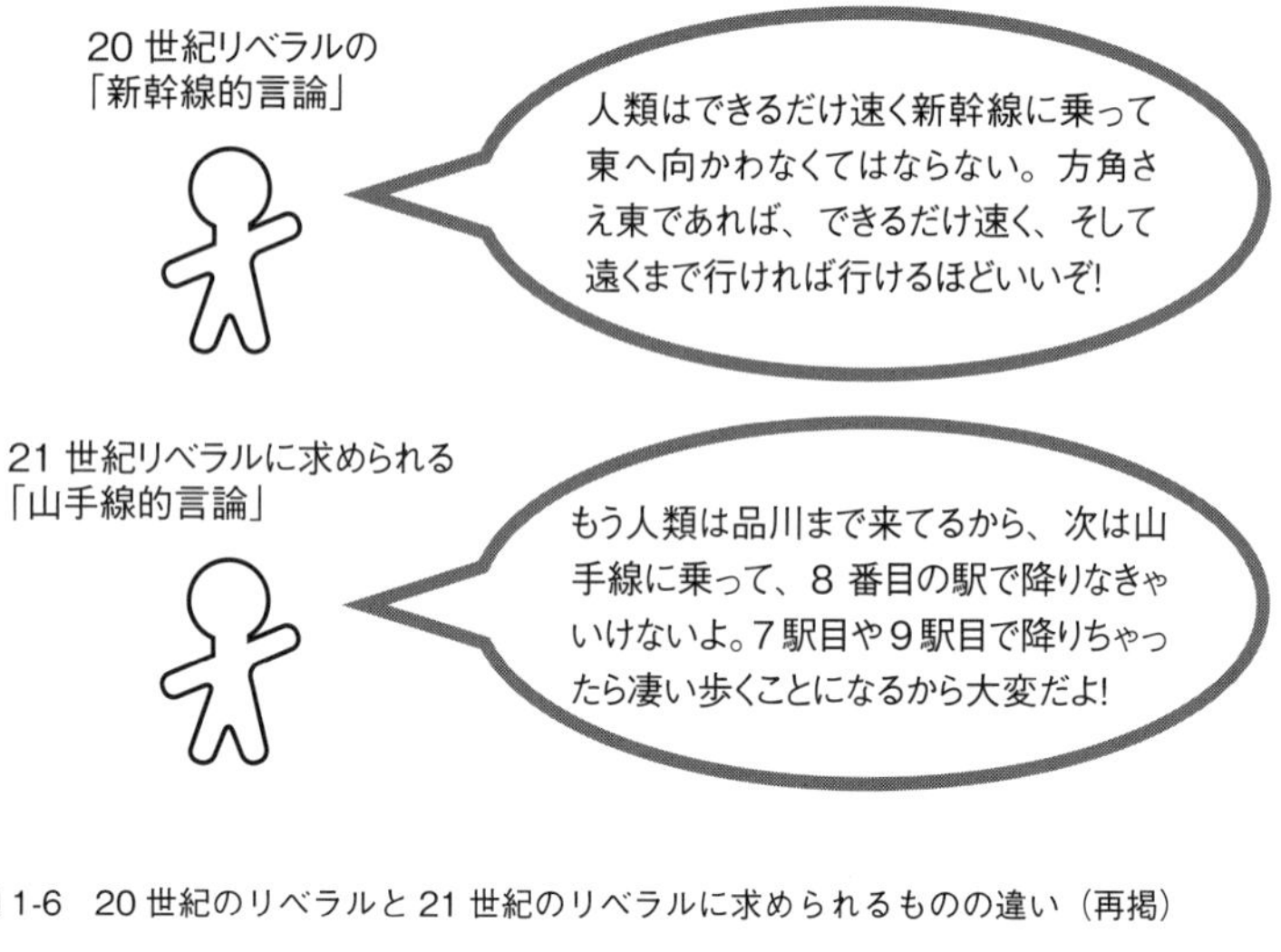
20世紀リベラルの
「新幹線的言論」
人類はできるだけ速く新幹線に乗って東へ向かわなくてはならない。方角さえ東であれば、できるだけ速く、そして遠くまで行ければ行けるほどいいぞ!
21世紀リベラルに求められる
「山手線的言論」
もう人類は品川まで来てるから、次は山手線に乗って、8番目の駅で降りなきゃいけないよ。7駅目や9駅目で降りちゃったら凄い歩くことになるから大変だよ!

図1-6　20世紀のリベラルと21世紀のリベラルに求められるものの違い（再掲）

然経済は不調になるし結果として社会不安も高まり、さらに「二股の注射器」を両側から必死に押し込む結果、「社会の合意形成カーブ」は加速度的に「M字」に分離し、「ホロコースト解」と「原爆解」にだけ人々の人気が集まってしまう袋小路に陥ってしまうことになります（図1-2）。

結果として、その「場の運用方法」が生身の実感からどんどんかけ離れていきながら、たとえばイベントの時だけ着慣れない和風を着てみるみたいな誤魔化しだけを続けていると、「もっと自分たちらしさを感じたいのに」という「現実に生きている沢山の人々の生身の感覚」は出口を求めて、過剰なまでに他国やグローバリズムに攻撃的で、かつ自国内においては過剰に個人に抑圧的なビジョンへと噴出してしまうことになります。

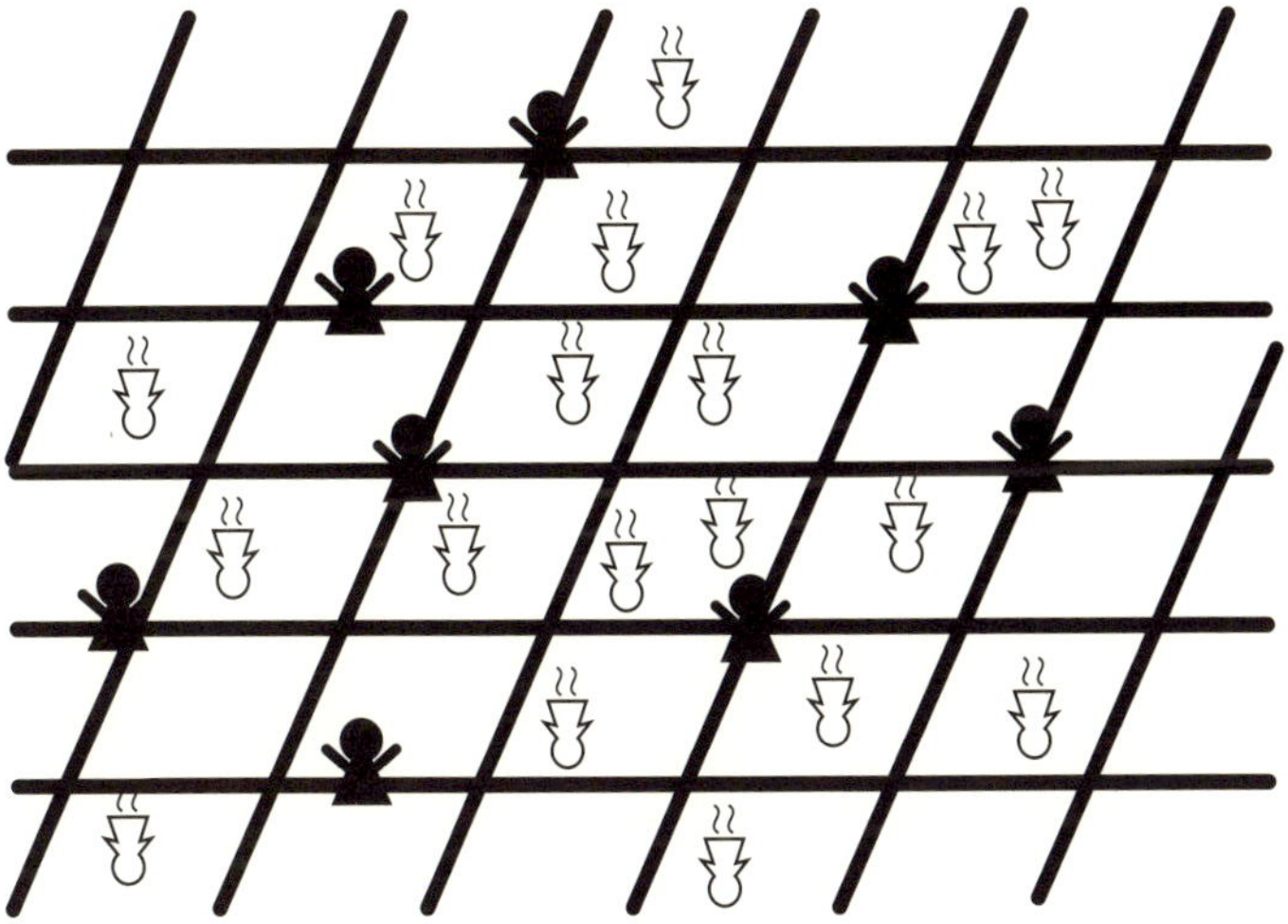

図1-4　粗い網目に収まる人だけが活躍できる社会（再掲）

結局、現代において知識人的な育ちの人間が「寛容の論理」を振りかざす時にそこで起きていることは、

「恵まれた知識人コミュニティの一般論によって現場的事情を抑圧する」というプロセス

であって、

「その場その場の本当の現場的事情」を「グローバリズムの中に吸い上げていく」といった「本当の多様性の実現プロセス」になっていない

んですね。

つまり、今の時代の**「ダイバーシティ（多**

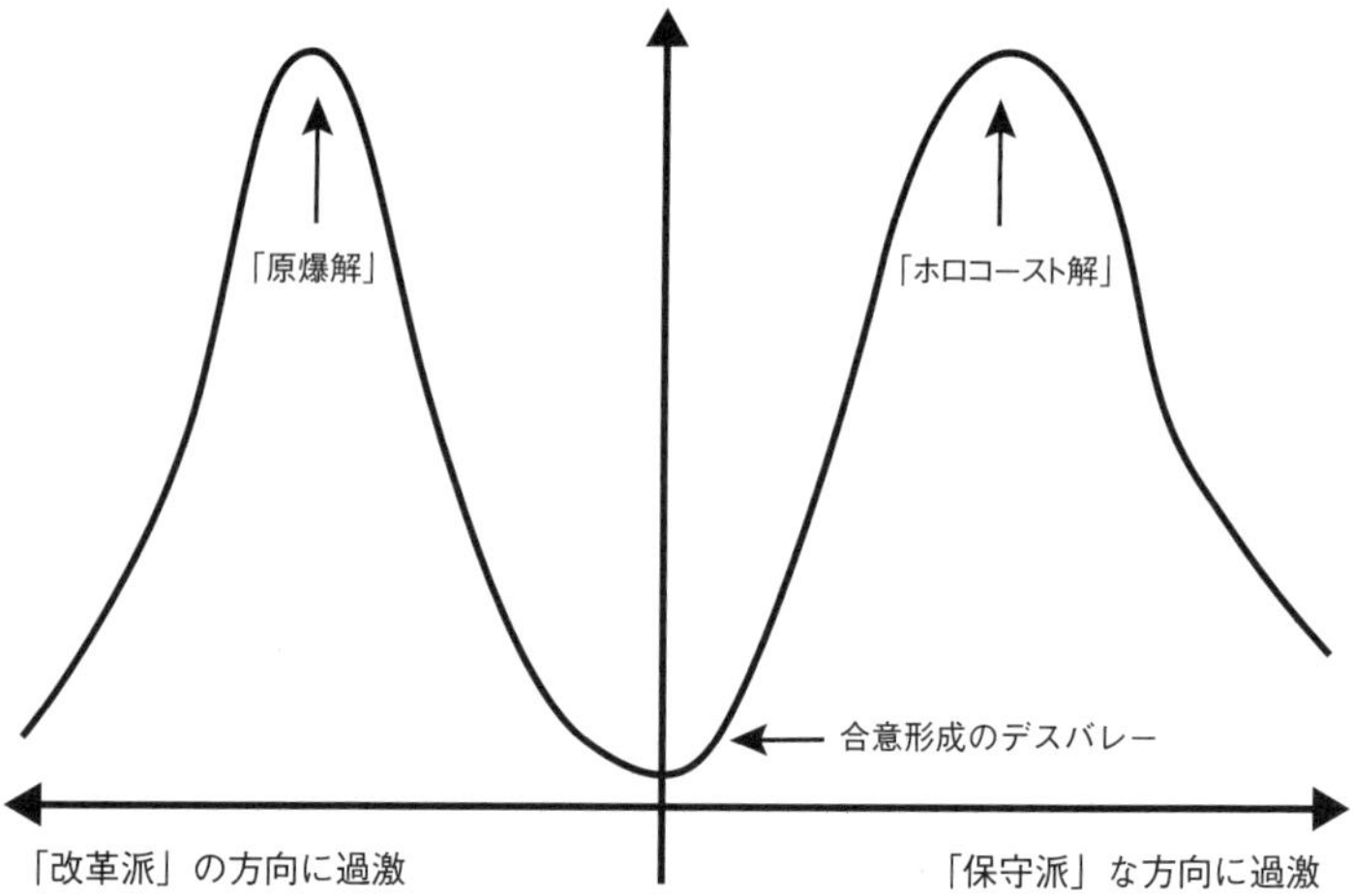

図 1-2　合意形成のM字カーブとデスバレー（死の谷）（再掲）

様性）」を旗印とする活動は、ほとんどすべて「本当のダイバーシティ（多様性）を抑圧する活動」になってしまっているのです。

繰り返すようにこの問題は、20世紀には「新幹線的なリベラル言論」が暫定的に必要であったという意味において、現状こうなっていることは「必要な一段階」なのだという理解は大事なんですが、第1章で述べたように我々はその「先」へと進まねばなりません。

それが、むしろ「生身の人間の非寛容さ」を認め、それを積極的に利用しながら、全体として社会が多様性に満ちた場になるよう戦略的に動かしていくビジョンです。

水が低きに流れるように

「非寛容の論理」での新しい言論というのは、つまり生きている沢山の人の生身の人間の「高い意識」に期待するような方法を止めるということです。

そして、図2-1の「二股の注射器」の構造をちゃんと理解した上で、「ど真ん中の針穴を開けるための言論」を、現在両側から押し込んでいる人たちが協力しあいながら行っていくことが21世紀には必要なのです。

もちろん、今すぐ全員が「針穴を開けるための言論」に向かえるわけではないし、むしろ向かうべきでもないとも言えます。

というのは、この「両側から押し込み合う力」というのは、拮抗した状態になっていること自体が、破滅的な状況にならないようにするためには必要だからです。突然片側が押し返すのを一切止めてしまったりすると危険なんですね。

結果として、たとえば過剰なまでに市場原理主義的な政策が次々実行されて、社会の「現場的連動力」がズタズタになってしまったり、あるいは中国や韓国に対して威勢の良いタンカを切るポーズがそのうち引っ込みがつかなくなることで、本当に戦争になってしまったりするかもしれない。

いくら「伝統的なリベラルの言論」が夢見がちすぎて無責任だとしても、今すぐみんながそれを止めてしまうと、「押し返してくれることを潜在意識的に期待しながらタカ派な言論をしている」人たちも困ってしまうわけですね。

20世紀的言論っていうのは、タカ派的に強がってみせる保守の人たちにしろ、現実化のプロセスを全然考えずに理想論を唱えて自分だけは心が綺麗で清廉潔白であるけど敵側の奴らはとにかく非人間的でゲスい奴らばっかりなんだというような態度を取る夢見がちなリベラルにしろ、どっちにしても、

「どうせあのわからずやどもに押し返されるから、俺が言ってることがすぐに現実に採用されるわけでもないし」という甘えの上に成り立っていた

のだと言えるでしょう。

しかし、マトモな頭で20世紀の歴史の悲劇を反省するならば、21世紀の言論は、

もし自分にありとあらゆることを決める権限があったとして、それでも自分はその主張をしていけるのか？　それによって「あらゆる他人が生身で生きている現実に対する責任」を果たせていると言えるのか？


というような観点で常に吟味されるべきものなんですよ。子供じゃないんだから。

ともあれ、二股の注射器を両側から全力で押し込み続けている状態では、人々の集合的な気持ちのレベルにおいては、「その両側とも極端すぎて正直賛同できない」というエネルギーが最も大きくなってきている状態になります。

その状況の中では、ある程度の知性と視野の広さがあれば、「二股の注射器的現状」を全体として捉えて、「その上でどっちの方向に動かしていくべきなのか」という「一段上の21世紀的言論」を紡いでいくことは、潜在的にはかなり広い層に可能になってきているんですね。

最初はほんの一部の「目覚めた層」だけでもいい。しかし、着実に「針先の穴」が開いていけば、「両側から注射器を押し込んでいた感情のエネルギー」が、そのまま「ど真ん中の共有軸」

として噴出する自然な流れになるでしょう。

そして、その「噴出する水流」自体がさらに「穴」を大きくし、さらに大きな水流を生み出していくという相乗効果的な流れに入れればしめたものです。

そうすれば、そこから先は、「アメリカ的な政治システムや市場原理主義的な経済システム」の要求が共同体に対して容赦なく加われば加わるほど、逆側から押し返そうとする「共同体側の健全な免疫力」も全力で発揮され、「両側から押し込まれた二股の注射器」のど真ん中の針先から安定した水流が流れ出ることになる。

結果として、時代が下れば下るほど、誰が見ても完全に確実なものとして感じられる「ど真ん中の共有軸」が社会の中に生まれ、日本社会は大から小まであらゆる大きさの集団において、政治でも経済でも文化でもありとあらゆる局面において、さらに高度な、

「横綱相撲の姿勢」

を取れるようになっていく。

結果として日本は、「全世界に押し付けられたデジタルすぎる共有システム」と「どこまでもアナログに存在する生身の現実」との間を常に発展的につなぐ政治・経済・文化を世界のどこよりも高度に発展させて提案していく国となって、21世紀初頭の人類に存在するありとあらゆる困

難な問題の根本原因にケリをつける英雄となるわけです。
そしてそれらすべては、

「水が低きに流れるように、なすがままになさしめる自然な流れ」

で具現化しなくてはいけません。
『ジョジョの奇妙な冒険』のセリフで言うならこうです。

もっと劇的なことなのかとずっと想像していたけれど、月が満月になっていくように、この事自体は何気ないものだった……

針先に穴を開けるための言論とはどういうものか？

では、ここから先は、図2-1の「二股の注射器的な現状」を理解し、今後どうやって「針先に穴を開けていこうか」と考え始めてくれた読者のあなたのために書いていきます。
これは、いわゆるメディア的な立場で何かを発信していく人だけでなく、たとえば小さい範囲で、自分の会社・自分の家族・自分の地域といった集団においてリーダーシップを発揮していこうというような立場の人には、あらゆる局面で大事なことです。

個別の問題だけをデジタルに取り上げて頭で考えて即決し、そこからトップダウンにゴリゴリとあらゆる関係者に命令して無理やりやらせる……というようなスタイルがなかなか難しい日本においては、むしろ「二股の注射器の全貌を理解して、針先に穴をあける」こと、つまり、

必要なことにみんなの感情が自然と向けられるような場づくりに集中し、そこから先は思う存分空気に任せること

こそが、有効なリーダーシップの唯一の（あなたがワンマン独裁企業の創業者でもない限りはね）形と言っていいほどだからです。

私は何度も色んなところで言っている余談なんですが、戦前の日本の軍部が悲惨なことをしてしまったことで反省すべき点があるとすればそれは、20世紀のリベラルの一つ覚え的な批判パターンのように「空気で決めたからダメ」なんじゃなくて、「みんなが悲惨な決断に突っ込んで行かざるを得なかった空気マネジメントの拙劣さ」こそが責められるべきなんですよ。

本書の用語で言うなら「合意形成カーブがM字に分裂しすぎ」て、社会の安定を脅かすほどになってしまったので、無理やりにでも「凸型」に戻そうとする本能的な揺り戻しが起きてしまったのがあらゆるファシズム的な不幸の源泉なのです。

そして、実際に参戦に向かって突っ走った軍人たちと、普段あまりにも夢見がちに無責任な方向での言論に突き進んでいっていた左翼勢力の「どっちが悪いか」っていうと、結局「どっちも悪い」ということにしないとフェアではありません。

結局この世の中のありとあらゆる「リベラル派から見てウザい存在」は、この世界には「何も悪いことしてない無垢な庶民なのに自分のエゴだけで動いている悪の支配者によってひどい目にあわされた純粋で可哀想な被害者」みたいな存在は一人もいないんだということを、全ての人が骨身に染みて理解するまで決して消えたりはしないわけです。

……と、この話になるとどうも感情的になってしまっていけませんね。こういう視点から捉え直して、靖国神社には〝戦犯が合祀されているからこそ〟21世紀の世界全体にとって希望となるようなビジョンがあるんだ……というような本を、本書とは別に現在計画中ですので、ご期待ください。

ともあれ、「針先に穴を開ける言論」の話に戻りましょう。

「二股の注射器を片側から押し込んでいるだけの言論」を超えて、「二股の注射器の全体像を理解して、針先に穴を開けようとする言論」の世界に入っていくには、まず「具体的な問題意識とそれに対する実効性のある提言」と、「そのメッセージを載せる入れ物としての〝論調〟」を分離することが、突破口になります。

その「提言」はその「論調」に載せなくてもいいんじゃない？

さきほど、

まず「具体的な問題意識とそれに対する実効性のある提言」と、「そのメッセージを載せる入れ物としての〝論調〟」を分離することが、突破口になります。

と、書きました。

え？　どういうこと？

ちょっと抽象的すぎてわかりにくい表現だったかもしれません。
要するに「合意形成カーブがM字に分断」されていると、

どうしても「相手側を全否定する論調」にしないと「文章として成立しなく」なってしまう事情

があるんですよね。

だから、

その「話をするベースになっていた具体的な提言」のレベルだけを考えると、「どちら側の人から見ても実にそうだよなあと思える内容」であることが多いにもかかわらず、それを「一つのパッケージとしての文章」にしてしまうと、「相手側を全否定する論調」になってしまうんですよ。

まだよくわからないかもしれません。

それをこれから色々な具体例をあげてご説明していきたいわけですが、たとえばですね、最近、あるネットで有名なブロガーさんが書いた、「これから日本人の働き方が変わっていくよ」という趣旨の本を読みました。

それは、寿命も伸びたし年金の支給開始年齢も伸びたんだから、これからの人生は多毛作である方がいいというか、色んな可能性を排除しないで人生を考えるようにしたほうがいいよ……というメッセージで、そのための考えるヒントや色んな事例についてまとめられていました。

で、この要約を見ると、あらゆる立場の人から見て、それほど拒否感を感じずに読める内容だし、読むことで人生に展望が開けたと感じられる人も多い内容のような気がしますよね？

でもね、その本を実際に読むと、前半にかなりの分量を使って、いかにグローバリズムの進展によって日本の今までの働き方が通用しなくなって、一つの会社で真面目に勤めあげようとするようなメンタリティの労働者は一人も生き残れない時代が来るんだよ……みたいに、

脅しにかかる文章

が、よっぽどの市場原理主義者メンタリティの人でもちょっと食傷気味になるんじゃないかっていうほど続いてるんですよ。

でね、考えてみて欲しいことは、**「後半部分の具体的提言」はね、「前半部分の脅迫文」と一緒にパッケージされてる意味があるんだろうか？**　ってことなんですよ。

それは、「そういうことを言うと嫌がる人もいるから黙ってればいいじゃん」っていうだけの話じゃなくて、

前半部分の脅しは明らかに間違い

ですからね。

グローバリズムの時代で、色んなＩＴ技術の進展もあるから色んな新しい働き方が可能になるよ……というのは正しいし、それに日本企業はうまく対応できなきゃいけないよ……っていうのも正しいんですよ。

でも、

「その新しいタイプの生き方じゃないと決して生き残れない時代が来るよ」ってのは明らかに間違い

です。

いつの時代でも、ネットを利用してブッ切りに発注できるフリーエージェント的な仕事が「向いている分野」もあるし「向いていない」分野もあるからです。

そして、「一所懸命」的なメンタリティが強い日本においては、むしろ「長所を伸ばす発想」によって、「集団でミッチリつつきまわす力がどうしても必要で、それによって成果が大きく変わる仕事の種類」を真剣に選び出してどんどんそれに集中していくぐらいの気概が必要なんですよ。

だから、前半部分は「間違い」なレベルの脅しすぎなんですよね。

むしろ、その部分を読んだらキリキリと「なんやとコラァ！」と反発を感じるようなメンタリティの人たちが分厚く生きてることによって、自動車産業やら産業機械産業やら精密部品産業やらの世界一の隆盛を支えていて、あるいは日本が治安と清潔さが隅々まで行き届いている世界であるベースを支えているわけです。

第1章でお話しした、堀江貴文氏そのものが悪いわけでなくても、その「彼らの周りだけで成立する言動」が「日本社会全体」に通用していってしまうことの副作用がお互いにとっての不幸を生んでしまう……というような問題があるわけですね。

そういう風に脅しにかかってこられると、売り言葉に買い言葉で、

で、あんたはその「ＩＴを駆使してグローバリズムに対応した最先端の働き方」とやらでどんだけ物凄いことしてくれんの？　グーグルぐらいの規模の会社作ってくれんの？

でさ、もしあんたがグーグルぐらいの会社作ってくれるとしてだよ？

たとえば自動車産業〝だけ〟をとってみたって、日本には全部で45兆円以上はあるんだよね。グーグルって5兆円ぐらい売り上げてるんだっけ？　あんたそういうこと言ってんだから、グーグル9個ぶんくらいの会社作ってくれんだよね？

自動車産業だけでこれよ？　もっと他の「日本人の集団の強み」で勝負してる産業の数字上乗せしたっていいいんだよ？　それわかってんの？

……などという幸薄い論争になっていってもおかしくないわけですが、実際にこういう論争になりはじめるとさらに加速度的に「合意形成カーブがM字化」していくので、日本の伝統的な企業はさらに保守的な運営をしないと自分たちの自然的な強みを維持できないジレンマに陥ったままになりますし、「世界の先端事例を日本のみんなに知って欲しい」という真心で発言する人たちも、前フリで「いかに今の日本企業のやり方がグローバリズムの時代に通用しなくなるのか」についてさらに必死になって熱弁を振るうことになります。

でもね、「一つの会社だけで人生が終わる人」はだんだん減ってくるだろうし、それに対して個人が自由に自分を活かせるようにするにはどうしたらいいのか、っていうのは、「どっちの立場の人」にだって考えるべき課題ですよね？

それに、企業単位で見ても、自分たちの自然的な強みを失わずに、かつ新しい技術的動向にうまく乗っていくためにはどうすればいいかを考えるには、まず「先進事例としてどういう試みがあるのか」を、広い範囲で知っていることは凄く大事なことですよね？

つまり、「具体的で実効性のある提言」の部分と、「それが載せられるのに使われがちな論調」を分けて考えると、

「その論調に載せるから、結局本来届くべき人に届かないんだよ」

ということは、ありとあらゆる言論にあてはまるんですよ。

それに気づくことが、「二股の注射器をただ押し込んでいるだけの言論」から「針先に穴をあけようとする言論」へと進化する第一歩になるんですね。

「日本人は内向きだからダメだ」と言えば言うほど内向きになって当然なんです

こういう事例はありとあらゆるところにあります。

たとえば、最近東南アジアなどの経済発展著しい新興国との経済連携が強まる中で、「それらの国と日本の会社を繋ぐ仕事」をしている人が増えました。

そういう立場の人の言論は、「具体的な提言」のレベルで言うと、すべての日本企業が進出にあたって考えるべき内容に満ちています。

現地の事情を勘案した上で、欧米企業の進出の仕方を紹介しつつ、日本企業がよくやる失敗を吟味した上で、日本企業の場合はあえてこういう形を取るようにしていった方が実際にはスムーズに行くことが多いですよ……という「具体的な提言」の部分だけで言うなら、あらゆる立場の人にとって有益な情報になるんですよ。

しかしね、全員ではないし、最近は多少状況がマシになってきてるんですけど、実際にはそう

いう立場の人のメッセージのほとんどは、さっきのブロガーさんの「働き方の本」の時と同じような、

「過剰に脅しにかかる文章」

が前フリに凄く執拗に書いてあることが多いんですよ。

人口減少社会になることで、いかに日本だけでやっている会社には未来が無いか。経済発展を続ける途上国には今欧米企業や韓国・中国企業が次々と進出しており、彼らはどこもアメリカのトップ大学で学位を取ってきたようなタイプの人材に物凄い権限を移譲してガンガン働かせており、日本企業は自分たちのやり方を全てゼロにして虚心坦懐に彼らと同じような経営文化と人事システムを導入しなければ、現地の優秀な人材は決して日本企業で働かないだろう……とかね。

でもね、こういうのも、「別に言わなければいいのに」というレベルを超えて、

「明らかに間違い」

なんですよね。

そもそも人口減少社会だからといってビジネスチャンスが無いなんてあまりにも想像力と創造力に欠けた発言で、結局今あるビジネスの焼き直し以外の発想は決してできないから、頭数が増えているところでしか成長できないに違いないという結論になってしまうんですよ。

それに、「新興国の優秀な人材を取るために日本企業は人事システムを欧米風にしなくちゃ」って言ってる人は、自分が日本で権限が握れないことに対する不満を形を変えて表明しているだけなことが多いわけですね。

そういう発言の中にある「優秀な人材」というラベルが非常に問題で、実際にはそれぞれの企業文化の中で向いている向いていないという差を一切無視した「優秀な人材」などというのは幻想なのです。

そして、新興国の人材にも、「明らかに欧米企業のシステムに向いている人材」も、「比較的日本企業的なカルチャーに向いている人材」っていうのもいるわけで、偏差値主義的に一列に並べて上から順番に取らなくちゃいけないなんてことはないわけです。

もちろん、「何から何まで日本流を海外で押し通すわけにはいかない」というのは明らかに真実ですよ。

しかし、重要なのは「日本企業ならではの海外進出のやり方」を自前で考えることであって、それさえできれば、「欧米企業で活躍しやすい人材の激しい獲得競争」ですり減ることなく、「自分たちにあった人材」に来てもらって一歩ずつ自分たちらしい現地進出をしていけばよくなるわけです。

結局「自分たちのやり方のコアの部分」が明確でさえあれば、つまり「横綱相撲」ができていさえすれば、それが可能になるんですよ。

自動車産業では十分それができていて、むしろ「俺はアメリカ人なんだけどトヨタスピリットでは誰にも負けないぜ」的なことを言う人だって、どの国にも沢山いる状況なんですから、他の業種だってできないわけがないのです。

その場合の「トヨタスピリットに誇りを持つアメリカ人」は、おそらく決してマッキンゼーだとかゴールドマンサックスに入っても活躍できる存在ではないことが多いだろうし、ひょっとするとアメリカのトップ大学のMBAスクール（経営大学院）で物凄く優秀な成績を取るようなタイプではないかもしれないが、

「だからこそいいんだ」

という発想が大事なんですよ。

自分たちなら他社では活かせないタイプの人材を活躍させせられる……というのは、要するに人材獲得競争においてブルーオーシャン（競争が比較的ゆるいために優位な立場に立てる領域のこ

と）があるってことですから、その企業にとって明らかに強みなわけですからね。

ついでに言うと、今の欧米企業（および世界のほとんどの標準的な企業運営）は、MBA的な人材のトップダウン的な運用システムが確立されすぎており、彼らに大きな権力を与えすぎているることによって、第1章で書いたような「芋づる式の自然的な成長」を阻害してしまっている現状は明らかにあります。

そういう「MBA的な理屈先行型のマネジメント」が「生身の体験的現象からの芋づる式の展開」から切り離されたところで無理やり事業プロセスを回しすぎることで、結局経営全体が「普通の人の本当の願い」からかけ離れてきていることが、昨今の世界経済の不調の根底的原因と言っても良いぐらいなんですよ。

そして、たとえばスティーブ・ジョブズ（アップル創業者）とか、セルゲイ・ブリン（グーグル創業者）とかが巨富を得ていること自体は真面目な話として人類全体の福利に貢献していると思いますが、MBA的観点で切った張ったを続けて数字だけを積み重ねていくことで、なんか物凄いサラリーを得る経営者ポジションにつけることになっているアメリカのCEO（最高経営責任者）たちの収入は、明らかに高すぎると私は思っています。

その結果としての全体の格差問題について抗議することはそれ自体必要なことではありますが、しかしこういうMBA的な経営の共通フォーマットがあること自体も、第1章の図1-3で説明したように、70億人が住んでいるこの世界に無理やりにでも共通ルールを押し付けて守らせるために「現状どうしても必要な粗い網目」であったりするので、「ウォールストリートを占拠せよ」的な「全拒否」の姿勢で批判しても話はなかなか前には進みません。

結局、

定型化されすぎた偏差値主義の「優秀な人材幻想」を超えて、「自分たちらしいやり方での途上国進出の方法」、あるいは「自分たちらしいやり方でのMBA的人材の活用方法」

を我々日本企業がこれから考えていくことは、

現状「頭でっかちになりすぎている」世界の経済運用のあり方を適切な具体性に基づいたものに転換し、過剰な経済格差を産まなくても経済のダイナミズムを維持できる方法を人類が一歩ずつ習得していくプロセスとなる

でしょう。

まあ、そんな大げさなことを考えるまでもなく、途上国へも自分たちらしさを失わずに進出できた方がいいに決まっているし、そのためには自分たちの今までのやり方を全てそのままゴリ押しするだけではダメなんだ、ってのは誰だってわかっていることですよね？

じゃあ実際にそれをやろうと思ったら、現地事情に詳しい人の「具体的で実効性のある提言」が必要なことも当然なんですが、その「具体的提言としては非常に意味のあるヒント」も、それが「日本企業全否定的な論調」に載っていたら、そもそもそれが必要な人に伝わりませんよね？

そういう状況が続いていれば、なんか海外が関わると理不尽な罵倒を常に受けるし、進出したりすんのやっぱ止めようかな。まだ国内だけで食っていけなくなってるわけでもないし……となることはむしろ当然と言えます。

こういう問題は、ありとあらゆる「国外にいる日本人」の発言にあてはまり、日本人は島国根性で閉鎖的で、しかも最近は近視眼的でガッツがなくて内向きで、アピール力がなくて自己表現力がなくて……などという脅しの論調が8割ぐらい続いた後に、さらに海外の物凄い特殊な事例を持ってきて日本がいかにダメかを主張する……みたいな言説があふれればあふれるほど、「日本人の現場的優秀性をちゃんと維持するために人生を捧げている人」が、「なんかウザいなあ、こいつら本人は一体どんだけの仕事をしてる人間やねんエラそうに……」と思ってしまってさらに内向きになるのも当然だと言えます。

でも、合意形成カーブが「凸型」になり、「敵を作り出して非難する論調」が不要になり、みんなが共有する目標に向かって「具体的で実効性のある提言」だけを純粋に表明できる環境になると、「その個人は全然蓄積がないのに、色んな他国の先進事例の尻馬に乗って、毎日マジに研鑽している人たちをクサす」というような、「グローバリズムの威を借る狐」たちには「語るべき内容」がなくなってくるんですね。

そうなっていけば、いずれ日本だけでなく世界の企業体の中でＭＢＡ的人材に過剰に与えられている権限と報酬が、適切なレベルに落ち着いてくる再転換が起きてくるでしょう。

一方で日本における「ＭＢＡ的人材」っていうのは、海外の同種の人たちが社会システムにガッチリ守られながら脳天気にどんどん仕事しているのに対して、「グローバリズム的事情と国内の切実な事情の板挟み」の中で苦労しながら、それでもなんとかちゃんと良心を失わずに頑張っていこうとしている人も多いんですね（彼らの中には日本の平均値を超える相当な〝愛国者〟も多く、日々世界の中で日本の地位を上げていこうと頑張っているわけですよ！）。

「日本社会ならでは」の「彼ら」の活かし方……というのも、今後日本が特注品的に身に着けていかなければいけない重要なスキルなんですよね。

そしてそれら一連の変化によって、「言論」的なレベルの仕事をする人たちと、「現場」レベルの仕事をする人たちが、「現実そのものの重み」を、同じレベルで引き受けて生きる社会が到来し、**20世紀に人類を苦しめたような「甘すぎる理屈のゴリ押しによる数々の不幸」の落とし前がやっと果たされる**わけですね。

シンガポールみたいになるには？

さて、ここまでのテーマならば、「具体的な提言」と「それが載る論調」を分離できさえすれば、「両側の立場の人の感情的なエネルギー」を結集して、次々とオリジナルで意義深い解決策を積み重ねていけるようになるんだ……というイメージを持っていただきやすいと思います。

まずはそういうところから、「二股の注射器を両側から押し込むタイプの言論」を超えた、「針先に穴を開けることに集中する言論」にシフトしていけさえすれば、「両側から押し込む圧力」によって「開いた針先」からどんどん「生きている生身の人間たちの本質的なニーズ」が吹き出していって、さらにそのエネルギーで針穴を大きく開けていくことができるスパイラル（相乗効果的に刺激し合いながら加速していく状態）に入っていけます。

そのスパイラルに入れれば、今はどう考えても共有軸が見つからないような大きな課題に対しても、「合意形成カーブをM字型から凸型に」転換していくことが可能となるでしょう。

そういう課題の代表的なものが、たとえば「シンガポールのような国家像を目指したい」という経済運営のあり方のビジョンに、賛成する人と反対する人の間の大きな溝です。

普通に考えると、この両者の共有軸ができるなどということはほとんど不可能に思えますが、しかし本当に日本社会の「合意形成カーブ」が凸型化してくれれば十分可能ですし、それが実現できるかできないかが、小手先の誤魔化しだけではない本能的なレベルでの転換が起こせているかどうかのリトマス試験紙となると言って良いでしょう。

シンガポールというのは、今の資本主義経済の目立つ部分、表向きの数字として評価されやすい部分に対して、全力で最適化していっている国です。

人口は500万人を少し超えた程度で、日本で言うと名古屋を中心とする中京経済圏よりもかなり小さく、福岡市と北九州市を中心とする都市圏と比べてもさらに少しだけ小さい……というぐらいの規模です。

特に金融などの分野の「世界中どこでやっても同じビジネス」に対する税制その他の優遇策は徹底しており、英語の通用度の高さなどの条件もあいまって、世界中から富裕層や「ピカピカの学歴と職歴に彩られた〝いわゆる優秀な人材〟さん」たちを集めることに成功しており、東京を押しのけて「アジアの金融センターはシンガポール」と言う人も多いですし、なにより、在住者の6人に1人が金融資産100万ドル以上……というニワカには信じられないデータもあるほどです。

なぜ日本がそうなれないのか？　というのは「堀江貴文氏の行動とその社会的余波とのギャップ」のような形で繰り返し述べてきたので繰り返しませんが、**この問題も究極的には、「本来共存できるんだったらすればいい」タイプの問題**なんですよね。

新しい何か面白いことを社会の中でやってやろうと思った時に、どこかの高齢の黒幕的頑固者の機嫌を損ねたらそれだけで一発アウトで、社会的に袋叩きにあって抹殺されるか小さな範囲だけで細々とやっていくしかなくなる……なんてことは、我々日本人の「めちゃくちゃ保守派な人」ですら、そのままでいいとは思っていない世界なわけですからね。

できれば公正で透明度の高いルールが通用している世界の中で、個々人の能力が思う存分発揮されるようになったらいいよね！というようなビジョンのレベルで言うなら、三代続けて共産党員で新聞は赤旗以外読んだことがありません、という人にだって共有できるビジョンなわけです。

ではなぜ、そういう変革は全て日本では頓挫するかというと、

「合意形成カーブがM字に分断」している世界において単純に規制緩和だけを推し進めると、「本当にみんなが望んでいるど真ん中の事業」が全然具体化しなくなるから

です。

図1-2における「原爆解」のように「誰も文句が言いづらくて、かつ消費者を短期間だけは熱中させられる目新しさだけは持っているもの」か、「ホロコースト解」のように、「失われた共同体の連帯感を埋め合わせるためだけに、無理やり〃絆感〃を演出するためだけの商品」しか大きな経済規模を実現できなくなる。

結局そういう経済は、「生身に生きている普通の人々」から見て「全くの他人事」になっていってしまうのです。

なぜなら本当に人々が根底的なレベルで欲しいと思っているのは、「原爆解にあるような時代の先端的な新鮮さを感じられる」上に、「ホロコースト解にあるような連帯感のような感情的に深い喜び」が得られるものであるからです。

そうすると、「自由な経済活動」をできるだけ抑制にかかろうとするエネルギーが社会に溢れかえるのも当然の結果です。

その結果、「起業家」サイドにいる人にも当然鬱憤がたまる社会になるし、その一方では、やってる本人ですら「親がやってたからとりあえずやってるんだけど正直もうそんなやる気ない」というような商店街や零細兼業農家を過剰に守るような政策を「やっていないと社会のバランスが保てない」というような結果になってしまうわけです。

こういうのは、「本能的なレベル」のことなんですね。理屈で議論していてもラチがあかない。

シンガポールと並んでここ10年「日本はなんでああなれないんだ」という「隣の芝生は青いという話のネタ」にされたのが韓国なんですが、彼の国の、彼ら自身ですら自虐的にネタにする美容整形熱というのは非常に重要な問題をはらんでいるんですね。

「人間の集団」に「システマチックな動員力を無理やりかける」ことを続けていると、もちろんある種の勢いとか対外的アピール力みたいなものを無理やりヒネリ出すことはできるんですが、一方で価値観が物凄く単純化してくるんですよね。

そうすると、社会の中に「あばたもエクボ」的な余裕がなくなってくる。みんながみんな「同じ顔」になりたがる社会になる。たとえば人文系の「即物的には役に立たない」研究とかにお金がまわらなくなる。理系でも地道な基礎研究にはお金がまわらなくなる。

社会全体から「ゴリ押しする力」を一身に集めて世界に放出している財閥系企業の陰で、多様で地道なチャレンジによって支えられた小さくても光る部品企業群のような裾野の世界はなかなか育たない……という結果になってしまいます。

私は、ここ20年の日本が、「これから先」に「勢いと多様性の両方を同時に具現化するための文化的準備」を積み重ねている間、どうしても「わかりやすさ」に欠けるムニャムニャ状態になってしまいがちだった不甲斐なさを一身に補完してくれる形で、韓国企業は世界経済における東アジア人のプレゼンス（存在感）を減衰させないように頑張ってくれ、韓流スターたちは我々のお茶の間にハリと夢を与えてくれていたんだと思っています。

たとえるなら、彼らが内臓を痛めてでも無理をして「バリッとした対外的なハリ」を維持していてくれた間、我々はその背後にコッソリ隠れさせてもらいながら、着々と「その先」の準備をしてきているんだということです。

彼ら自身の、国内での格差問題やら本能的不満も相当なものですから、「20年間ご苦労さまでした。そろそろ俺らに任せなよ」と言ってあげるべき時なのだと思います。それによって彼らも、「異様なほどの美容整形ブームに陥るような形ではない」国家運営に戻れる余裕ができるでしょうしね。

何にせよ、**我々がこれから「合意形成カーブの凸型化」に成功するということは、「シンガポールや韓国を目指したいというタイプの人々との願い」も、「ど真ん中の共有軸」の中でサクサク具現化できるようになっていくということなのです。**

先述したように、自由な経済活動の中で具現化されていく経済が、「M字に分断された世界の共有点」である「原爆解（理屈先行で文句が言いづらいから通せた企画で、消費者的にはパッと見た時の目新しさだけはあるけど深い喜びには欠けるもの）」と「ホロコースト解（失われた集団の連帯感を取り戻すためだけに無理やり〝絆感〟だけを演出されたような商品）」しか具現化できないでいると、いずれ経済活動全体に対して「他人事」だと感じる人が増える。

しかし、その、

「合意形成のM字の間のデスバレー」を越えられる「ど真ん中の共有軸」が育ってくる

と、そこでは、

「経済活動を自由にすればするほど」、「こういう経済にしたかったんだよなあ」と「どちらのタイプにとっても」思ってもらえる経済が具現化していく

ことになります。

そうなれば、国際間のビジネス拠点環境競争でも積極的に勝ちに行ってやろうぜ！という声に対して、よっぽどの偏屈者以外は同意してくれる社会になりますよ。繰り返しになりますが、

そうなってないなら、まだ「凸字の合意形成カーブ」になったとは言えないというリトマス試験紙のようなもの

だと言ってよいでしょう。

日本人は、日本人としての最低限の密度感を維持するために毎日気をつかいまくって生きていることに疲れているんですよ。できればもっと透明性の高いルールの上で生きられたらいいなあと実は誰しもが思っている。

でもだからといって、大雑把すぎるアメリカ的なシステムをゴリ押しして、物凄く殺伐とした社会になってしまったら余計に悲惨だから、しかたなくありとあらゆる改革に対して集団全体としては「ＮＯ」という答を出して来たんです。

「自由な経済活動」の中で次々と具現化する商品が「凸型カーブのど真ん中の共有軸」に乗ってくれば、雪崩を打ったように「新しい世界観」にみんなで移行できるでしょう。むしろ、今は「シンガポール化に一番反対な勢力」が「一番熱心な旗振り役」になるだろうと、予言しておき

たいと思います。

それにね、**世界中の富裕層だって、いくら税金が安いからといって、これといった独自の文化の蓄積もないような人工都市で暮らしたいかっていうと、そういう人ばかりじゃない**んですよね。

しかもシンガポールは小国すぎて、既に移民が人口の4割も占めてしまうことになり、インフラ整備が追いつかなかったり不動産が異様に値上がりしてしまったりして、既に「イビツなシステムの無理」が表面化してきています。

でもこれが日本なら、なんせ1億人以上の人間がいますから、富裕層のビジネス拠点としてシンガポールレベルの政策を敷いて人が入ってきても、「横綱相撲の姿勢」さえ取れていれば問題はありません。

私はいわゆる「移民政策」には反対で、人間を頭数だけでしか見てないような、将来なんらかの不具合が起きたら全て「生身の生きている人間たちの古い差別主義的性質」のせいにしてしまう傲慢な考え方であると思っています。あんたら将来ヒドい社会不安になったらその責任取れるわけ？　その時に「そこで差別が起きるのはそいつらがダメ人間だからだ」的な方向で解決しようとするのは、20世紀的無責任言論パターンの中でも最悪の部類のものなんだと思います。

しかし、「ビジネス拠点競争」的なレベルで人が入ってくることは、入ってくるのが「既に土着的な文化とかは捨て去った資本主義の権化」たちですから、逆に「日本の土着的共同体」とうまくやっていけるはずです。

そして、**今の人類が持て余してしまっている「国や文化的土着性を超えてどこまでも膨らんでいくマネーの奔流を司る魔物たち」と、ちゃんと「どこまでも土着的な生身の自然性の芋づる式的延長で生み出される社会」との間には、「世界のどこかで橋を掛ける」ことが必要な情勢でもある**のです。そうしないとどこまでもお互いを罵り合いながら分断されていく一方ですからね。

だったらそれを我々がやってやろうじゃないか、って話なんですよ。

基本的にああいう富裕層は、本人がどれだけ「人生充実してますアピール」をしていても暇で暇でしょうがない感じに満ちていて、シンガポール国内では面白いネタが少なすぎるので、フェラーリを何十台と連れ立って隣国マレーシアまで数百円のラーメン食べに行ったりしてるぐらいなわけです。

そうやって「地元の特産品を楽しんでみる旅行」とかするネタにおいて日本ほど基礎レベルの高さと多様性を保持している国はほとんどないし、世界一といっていいほど治安もいいし、一般人には英語は通じないとしても大都会に拠点を置きさえすれば彼らのようなタイプのビジネス拠点としては不自由しないレベルに英語のできる人もいるし……と、本来的ならシンガポールなんか問題じゃないレベルの好条件に溢れていると言えます。

彼らは自分たちの内輪の流行にメチャクチャ弱い人たちなんで、いざ日本で「合意形成カーブが凸型化」し、税制その他の面での都市間競争に日本社会が前向きになれるレベルにまでなったら、一斉に「世界中の富裕層の大ブーム」を起こすことも可能でしょう。

彼らがオリエンタリズム（スシやゼンにハマってる自分ってツウだなあと悦に入るようなカッコ付け方のこと）風の理想像を投影して散財することで、税制の直間比率を変えたことのマイナスも取り戻せるでしょうし、日本中のあちこちで崩壊寸前になっている伝統工芸も新しい形で生き返るでしょう。

最近はシンガポールも格差問題が深刻で、移住した富裕層に対する白眼視も高まり、だんだん日常的に「居心地の悪さ」を感じることも増えているそうです。

しかし本当に将来、日本が「合意形成カーブの凸型化による無理のない転換」によって彼らを受け入れることができれば、たとえばワールドカップ日韓大会の時に世界中から来た選手をワイワイ歓待した時のような、ああいう雰囲気で彼らを受け入れることが可能になるでしょう。

くり返すようですが、「それができること」自体が、ただ日本が経済的に繁栄できるってだけの話じゃない、「もっと大きな希望」につながるんですよね。

その、

「資本主義最前線の改革エネルギー」が「生身で地元の喜びに溢れた共同体」と、お互いにとって良い形で共存できるかどうかは、日本だけの問題ではなくて、「どちらにも進めない閉塞感を抱えている現代の人類」において最重要の課題

ですからね。

今、バブル期に建てられたリゾートマンションが日本中で嘘みたいな価格で叩き売られていて、若いころは都会で働いていたけどリタイア後はそこに住むことにした人たちと、「もともとの地元住民」たちが一歩ずつ歩みよって一緒に夏祭りをやってみたりする交流が進んでいるそうですが、20年前には明らかに「敵同士」だった2つの勢力が、「新しい連携」を生み出そうとしている文化は、まさに「均衡の取れた持続可能な発展」を具現化するために必須の「文化的技術」だと言えます。

日本はそれを、デフレ経済を20年味わい尽くすことで準備してきているんですよ。「普通のオジサン・オバサンレベルの価値観の変化」という最も根底的なレベルでね。

そこで進んでいる転換は、物凄く意識が高い知識人たちだけがほんの小さなコミュニティで「コンフォートさの追求が次の時代の最先端」とか言って無理やりやっている一方、「普通のオジサン・オバサン」たちはいまだにファストフードが主食で、日本では見たこと無いような肥満体が普通です……みたいな世界とは全然違うんです。

その根底的な転換を、もっともっと深いレベルで推し進めなくてはいけません。

「最も頑固者」なタイプの人が、「シンガポール的な都市間ビジネス競争でも勝ってやろうぜ。それでこそ人類は次の段階へ進化できるってことだろ」って言い出してくれるぐらいにまでね。

もちろん、そこまで「無理なく」行くことが必要で、現状こういうビジョンに反対な立場の人には、全力で反対していてもらうことが必要なんですよ。

ちょっと消費税率があがるだけでこれだけの騒ぎになるデリケートな問題なんですから、ちゃんと民主主義のプロセスを踏みながら転換が実現できたとしたら、それは物凄く「根底的な変化」を起こせた証拠になるでしょう。

その**「雰囲気」ごと本能レベルで転換できるかどうかが、「透明性あるシステム」と「生身の多様性」をちゃんと両立させるために絶対必要な試練**ですからね。

だから今はまだ、我々は二股の注射器を全力で両側から押していることが、必要な運命ではあるのです。20世紀的な不幸を超えて、「その先」に進化するためにはね。

脱原発運動だって沖縄の基地問題だって従軍慰安婦問題だって南京大虐殺だって……

さて、ここまではかなり「資本主義経済に対して前向き」な話題に関して、「合意形成カーブの凸型化」の事例について語ってきました。

個別具体的な「経済活動の事例」に比べて、シンガポールなどのような理想像を目指す「経済政策」のレベルになると、「ど真ん中の共有軸」を打ちたてることは段違いに困難に見えましたね？

しかし、そこまで行ってこそ日本は本当に「どちらにも進めない閉塞感」を打ち破って前に進めるようになる、そういうリトマス試験紙のような課題なんだということもお話ししました。

そして、その「経済政策レベル」の共有軸ができたら、さらに大きく困難な課題が立ちはだかります。

それが、20世紀的な意味での伝統的な「リベラル派」の運動を、どうやって「スムーズに具現化していくのか」という問題です。

正直、私はこの問題について完全に中立で冷静に語るのが難しく、本書のここまでの部分でも少し攻撃的な物言いをしてしまった部分があったことは反省しています。

しかし、私が人生を賭けて目指してきた「ど真ん中の共有軸」を作り出そうとする運動は、意図的ではないにせよ「伝統的なリベラル派」のあり方によって常に抑圧されてきたんだという感覚があるからどうしてもああなってしまうんだ、ということをご理解いただきたい。

そして、本書の前半で、こちらとしても言いたいことは言わせていただいたので、これからはハラを割って前向きな話をしようじゃありませんか！　という気持ちでお話しします。

日本におけるリベラル派の運動が今危機にさらされているのは、日本特有の問題があるんですね。

それを表したのが図2-2です。

この図はかなり単純化しているので、細かいことを言えばいくらでも批判はできるでしょうが、大枠としては間違っていないでしょう。

図2-2の上側のシーソーは、欧米におけるチェックアンドバランスのシステム（選挙などを通じた権力のチェックだったり、原発の安全性を検証する独立委員会であったりなどの、いわゆる〝第三者委員会〟的な発想と運用のこと）において、その「バランス」を表す両側のシーソーに「乗っかっている感情のエネルギーの重り」が何なのかを表しています。

図の上側では、基本的に「客観的な意見として右だ」という意見と、逆側に「客観的な意見として左だ」という意見が乗っかっています。そして、右の方が重くなったら右に倒れるし、左の方が重くなったら左に倒れる……という構造が、比較的うまく運用されていることが多いわけです。

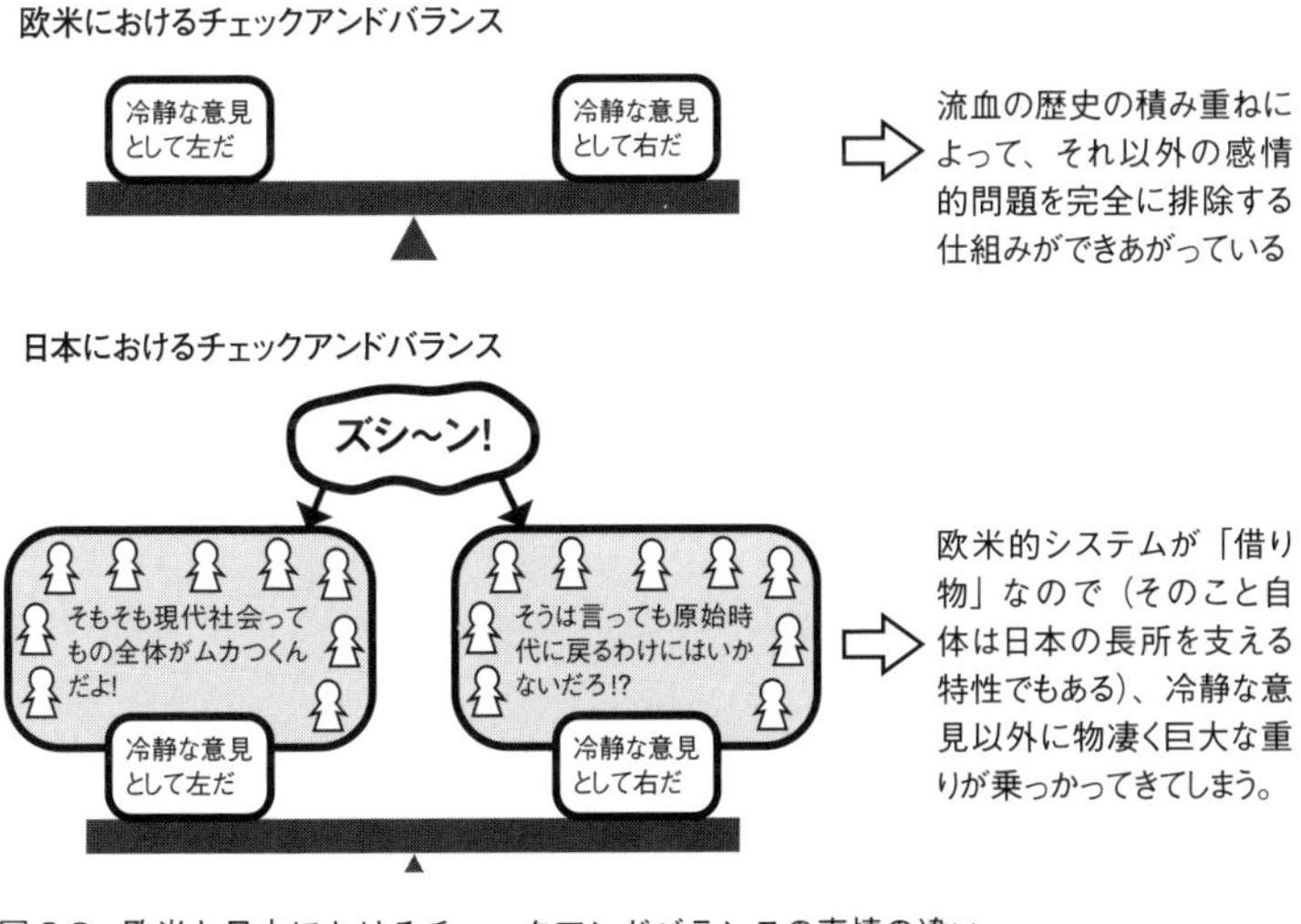

欧米におけるチェックアンドバランス
冷静な意見として左だ
冷静な意見として右だ
流血の歴史の積み重ねによって、それ以外の感情的問題を完全に排除する仕組みができあがっている
日本におけるチェックアンドバランス
ズシ〜ン!
そもそも現代社会ってもの全体がムカつくんだよ!
そうは言っても原始時代に戻るわけにはいかないだろ!?
冷静な意見として左だ
冷静な意見として右だ
欧米的システムが「借り物」なので（そのこと自体は日本の長所を支える特性でもある）、冷静な意見以外に物凄く巨大な重りが乗っかってきてしまう。

図2-2　欧米と日本におけるチェックアンドバランスの事情の違い

一方で、図2−2の下側のシーソーを見てください。これは日本において、欧米由来のチェックアンドバランスシステムを導入した時に起きている現象を表しています。

この両側の重りには、「冷静な意見として右だ」と「冷静な意見として左だ」、というエネルギー以外に、「そもそもこういう欧米由来のシステムがムカつく・今の社会がそもそもムカつく」というエネルギーが片側に常に巨大に乗っかっているんですよ。

その巨大なエネルギーが左側に乗っかっていると、ちゃんと「冷静な意見」を反映させるシステムにするには、逆側に「愚民どもにはわからないだろうが俺がなんとかしなくてはならないという高圧的だがある意味高潔でもある使命感」を載せていなくてはいけなくなります。

欧米社会に、現在の「チェックアンドバランス」の思想が根付くまでには、フランス革命直後のギロチン祭りを始め、ありとあらゆる虐殺と戦争の繰り返しがありました。

その結果、その「チェックアンドバランスのシステム以外の感情の動き」を徹底的に抑圧する文化が後戻りできないレベルで完成してしまったのが欧米社会なんですね。

もちろん、そういう人工的すぎる約束事から逃げ場がない状態というのはそれ自体の副作用もありますし、そこまで行っていない日本社会には、「だからこそ持っている希望」が沢山あります。

それは大袈裟に言えば「禅」的な「個人と物事自体の直結性」を共有できているために、「理屈に誤魔化されない現場力」を隅々にまで発揮させることができるということです。

その結果として、欧米社会ならスラム的な治安の崩壊を招いてしまうような、「学歴的に光があたっていない周辺的な領域」においても高い優秀性と安定性を維持できている、というような長所を日本社会は維持しているわけですね。

しかし、ことこの「チェックアンドバランスの仕組みを冷静に運用すること」にかけてはこんな不都合なことはありません。

よく、日本における「当局」的な存在、たとえば「原子力ムラ」だとか「霞が関ムラ」だとかが閉鎖的で隠蔽体質なんだ……ということを、「いかに日本が後進的で遅れているか」「彼らムラ内部の人間がいかに自分たちの利益のことしか考えない悪辣な人間であるか」と徹底的に悪罵する形の意見がありますが、そういうのは物事の片側しか見ていないアンフェアな批判なんですよ。

まるで100キロの重りを背負って走っている人と最先端の競技用自転車に乗っている人とで長距離レースを競わせて、遅い方を罵倒する……というような無理があるので、そういう一面的な批判だけをしていても決して日本で「改革」を行うことはできないわけです。

もちろん、「だから文句言うな」という話ではないし、日本において「オープンな改革」はもっと進展するべきだとは思います。

しかし、自分だけは啓蒙的精神に溢れた意識の高い目覚めた人間であるのに、まわりにいる日本人とかいう原始人どもは本当に野蛮で物事がわかってないから困るよねえ……というような論調の話をしているだけじゃあ改革は絶対進まないんだということです。

「グローバリズムの威を借る狐」と「現状の惰性の泥沼的追認」のどっちかしかなければ、どちらにも進めないし閉塞感だけは高まり続けるしで、ほんと良いことが何もありません。

まずは「アメリカみたいになれない原因」の方を深掘りすると、それは「アメリカにはない日本の長所を支えるためのもの」であることがわかってくる。

そして、その「根本原因」から逆算して考えていかないと、日本では本当の「改革」は進まないのです。

そして日本でそういう改革が進まない本当の原因というのは、フルオープンなチェックアンドバランスシステムを導入してしまうと、「その具体的な問題に対する冷静な意見」だけじゃなくて、「そもそも今の社会が根こそぎ気に入らないんだよね」というエネルギーが一斉にシーソーの片側に乗っかってきてしまう事なんですよね。

少し前に多少感情的になりながら批判してしまいましたが、戦前の日本の軍部がヒドいことをしてしまった原因も共通してここにあるんです。あえて繰り返しませんが、むしろ「戦前の例を引用して現代の何かを批判する勢力」の中にこそ「戦前の不幸を生み出した勢力」と共通する問題が宿りがちであることを、ご理解いただければと思います。

で、そういう時に、ぜひとも「具体的な提言部分」と「それを載せるべき論調」の部分を切り離して考えてみれば、共有軸が見つかるはずだ……という話を思い出していただきたいんですよね。

労働問題・原発問題・沖縄の基地問題……その他、ありとあらゆる「伝統的リベラルの問題」を、本当に解決に導く糸口はここにあります。

要するに、原発問題だって、「段階的に脱原発したいなあ」というぐらいのレベルで言えば、かなり日本人の共通了解といっていいレベルなわけです。もう「新しい原発」を建てるということは相当難しい情勢ですし、そうすれば耐用年数が順次来た原発は廃炉にしていかざるを得ないので、自然にそのうち原発はゼロになります。

重要なのは、その自然な転換を起こしながら、次の安定的な電源を確保していくことです。それにまつわるありとあらゆる現実的な問題を、一つ一つ解決していくことに、みんなの感情的エネルギーを結集させることです。

しかしね、ここで議論をフルオープンにすると、「そもそも今の文明全体がムカつくんだよね」というエネルギーが物凄い強烈に「シーソーの片側」に乗っかってくるんですよね。

まるでアメリカ軍の戦闘機に竹槍で立ち向かおうとしたような我々の性質の「ある部分」が暴走をはじめて、「大量生産大量消費に頼った現代文明への神罰なのだ」的なメッセージに乗っかって、巨大な感情エネルギーを吸い寄せてしまうんですよ。

前も言ったように電力供給というのは、ほんの0・07秒の電圧の変化で巨大な損害が出るというぐらいデリケートな「専門的・技術的な課題」なわけですよ。

自然エネルギーの導入が進むドイツでも、当然の結果として電圧や周波数の瞬間的変動や瞬間的な停電が増えていて、それに対する保障制度などを用意しなくてはならなくなったりしているそうです。

でもね、「だから脱原発なんか無理なんだ」と言いたいわけではないんですよ。

「ドイツではこれだけできたんだから日本でもできる。できないのは日本人の中枢がエゴしかない腐った奴らで占められているからだ」

みたいなことを一方的に言えば言うほど、

「実際の電力供給を担う存在は過剰に保守的にならざるを得ないし、東電などの関係者は隠蔽体質にならざるを得ない」

ってことです。

要するに、「無責任に煽る人」が大量にいて、「脱原発の方向に有利になるんだったらなんでもかんでも取り上げる」みたいな論調がマスコミにあふれていると、まじめに脱原発を目指して、電力システム全体の改革についての現実的な構想や知見を積み重ねようとしている人たちの邪魔ばっかりすることになってしまうんですよ。

そうは言っても、過激すぎることでも言わないと日本社会は変わらないじゃないか！という人もいるかもしれない。まあ、そういうあなたの気持ちもわからないではありません。

だからこそ、社会全体の合意形成カーブが「M字に分断」されているわけなんですよね。「共同体側の論調」で「理屈側」を排除する「ホロコースト解」にしか大きな感情エネルギーを集結させられない現状になっているし、いわゆる「論客」的なビジネスをしている人ならなおさら、そこにある本質的な問題を理解できていても、

「馬鹿馬鹿しい罵り合いに参加していないと食いっぱぐれる」

状況に追いやられてしまうわけですから。

何度も本書で言うとおり、誰が悪いわけでもない。

アメリカ軍基地問題だって、そもそも東アジアの安定にとってはアメリカ軍基地が現状どこかには必要なんだ……っていうところから根こそぎぶっ壊してやろうみたいなエネルギーが大きすぎるから、米兵の少女暴行事件とかですら毅然とした対応ができないんですよ。

あるいは将来的にはちゃんと自前の武装で守りながら、自力で全方位的な外交をやるんだっていう立場でもいいんですよ。

一番いけないのが、隣国の軍隊が、自国内の色んな不満をそらすために派手な行動をしてやろ

うってなった時に、「日本相手ならなんら苦労せずにヤレちゃうんじゃない?」などという軽い出来心を起こしてしまえるような情勢を作り出してしまうことです。

これは、自力で隣国との大人の関係を結ばなくちゃいけないよね、とか戦争でなく外交の力で解決できるようにしなくちゃいけないね、というようなレベルとは全然違うことです。

そんな時でも殺すより殺される方がいいんだとか言う頭は、真面目な話20世紀的なリベラルの最も邪悪で有害な性質であると言ってよいでしょう(殺されるのはあんたじゃなくて前線になる地域に住んでる人なんだけど?)。

ちゃんと「出来心で火が吹き上がっちゃうようなアンバランスを放置してはいけないんだ」ということろで完全に一致していれば、アメリカ軍兵士が犯罪を起こした時に、ちゃんと自前の警察組織で裁くというようなレベルのことは十分交渉可能だし、たとえば周辺住民のために夜間の戦闘機発着を自粛して欲しいというのなら、それぐらいをちゃんと「守らせる」ことも可能となるんですよ。

そうやって一歩ずつ周辺住民の生活を改善する手を打っていけないのは、シーソーの逆側に「とにかく現代文明のすべてが気に食わない」というレベルのエネルギーが乗っかってきてしまうからなんですね。

ちょっとでも歩み寄りを見せたりしたら無茶苦茶なところまで暴走するかもしれない……っていう情勢だからこそ、本来可能な改革のかなり手前までしか具現化できず、個々人にとって「当局」的な存在はいつも過剰に抑圧的であるような印象を持ってしまうわけです。

従軍慰安婦問題だって、中国での戦争被害について否定的なことを言う人が日本から出てきて関係がコジレてしまう問題だって、「本当にあったこと」以上にどんどん加算されていく相手側の報告に対して、日本側からガッチリと一致した揺るぎない態度で「ちゃんと完全に冷静に中立的に正確な被害の把握」に向かうことができれば、日本のよっぽどの右翼な人たちだって、生き残っている人たちに対して死ぬまでに何らかの補償をして誠意を見せてやらなくては、ぐらいの気持ちにさせることは可能なんですよ。

結局「本当に困っている人」をなんとかするためじゃなくて、「ある種の知識人の鬱屈を解消するための闘争のネタ」にされてしまうから解決から遠のいてしまうんですよ。

そういうのが20世紀の知識人のダメなとこなんですよ。「21世紀バージョンのPower to the People」をさっさとはじめなくちゃいけないんですよ！

しかしこれも、「誰が悪いわけでもない」んですね。あまりにもしつこく繰り返してしまっているから、ここ以降の説明を読者のあなたに代行していただきたいぐらいです。

読者のあなたいわく、

「合意形成カーブがM字に分断してしまっているから、結局〝原爆解〟か〝ホロコースト解〟の位置にしかみんなの感情的エネルギーを結集できない状況になってしまっているのが

原因だ」

ですよね？

労働問題については……

さて、原発問題や沖縄の基地問題のような「わかりやすい問題」については、「リベラル派の課題」の中でもまだ比較的「ど真ん中の共有軸」を作り出しやすい状況にあります。

おそらく一番難しいのが、「労働問題」とか「格差問題」とか、そういったレベルの話なんですよね。

正直これらの課題については、まだまだだいぶん先の、さきほどの「シンガポールタイプを目指す言論が広い範囲の賛成を得られるレベル」にまで進展しない限りは、今と同じタイプの「伝統的リベラル派のモードの活動」を継続していただくことが、必要なケースが多いだろうと思います。

なぜなら、「働かざる者食うべからず」的な本能というのは物凄く強いので、合意形成カーブがM字からだんだん凸型になってきて、「ど真ん中の共有軸上で大きく具現化していく商品」が、比較的「みんなの本質的な望み」に合致してくる変化が起きている時にこそ、

なんでこの新しい希望に参加しないわけ？　といった圧力が高まりすぎてしまう可能性

があり、

だからこそ伝統的な労働運動的問題意識がとても必要になる局面がある

と考えられるからです。

むしろ、そういう伝統的な労働運動の方が最後まで意地を張り通してくれるからこそ、社会は本当の意味で「奥底まで本当のレベルで進化できる」わけですね。

それに、図1−3で言うところの「シグナルとしての異端者」の役割は、「凸型」への

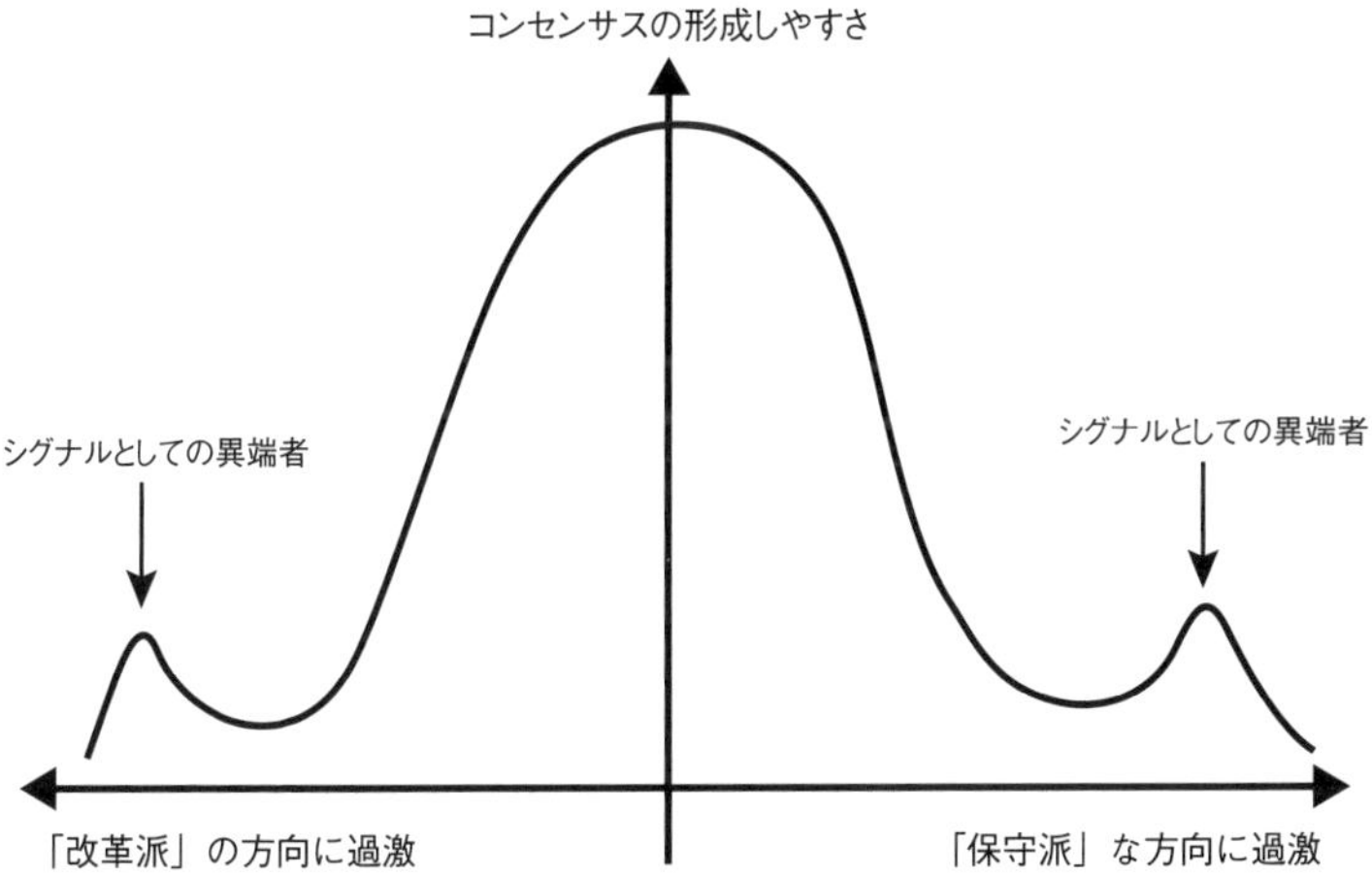

図1-3　ある人間集団のパフォーマンスを最大化する理想状態（再掲）

転換後も続いていくわけですから。

ただ、こういう問題に関しても、「具体的な提言」のレベル（もっと言えば〝炊き出し〟みたいなナマの支援活動）と、「それを載せる論調」の違いを意識すると、多少は前に進めるようなヒントがあるかもしれません。

というのも、たとえば伝統的な労働組合は「既に正社員になっている人」の権利と深く結びつきすぎていて、「その内側」の人の権利を守りすぎるあまり、「そこに入れない人」にとって全然優しくない、むしろ逆に物凄く抑圧的ですらある場合もあると考えられます。

また、実際に「困っている人々の待遇の改善」という目標を外れて、「そもそも今の社会全体がムカつくんだよね」という方向の感情エネルギーを野放図に吸い込むような運動を展開していくと、むしろそもそもの目的だったはずの「実際に困っている人々」を救うことから遠ざかってしまう結果になることは、原発問題や沖縄基地問題の例でお話しした通りです。

といっても、こういう問題に関して取り組んでおられる私と同じぐらいの世代の方々には、既にこのあたりの事情について真剣に心を痛め、色々な打開策を模索しておられる方も多いようですので、徐々に運動参加者の世代交代が進んでいけば、物事は「運動者の自己満足ではなく、本当に困っている人たちの救済に集中する」ことができるように動いていくでしょう。

この点については、私は私の道で頑張りますし、あなたはあなたの道で頑張っていてください。

いずれ「凸型の合意形成カーブ」が育ってきて、あなたの「本当の正直な実感」として「自分の具体的な問題意識を誤魔化しなく載せられるだけの新しい論調」を見つけたぜ！と思っていただける日が来ることを私は願っています。

それに、今はあなたがたの「逆側」に立っているように見える人だって、ヒドい状況におかれている人たちがいる中で自分だけ物凄く豊かになったって幸せにはなれないというのは、人間としてどうしてもそうなってしまう本性だと私は感じています。

そういう人たちが過剰なまでに弱肉強食な社会ビジョンを表明するのは、「そうしていないと自分が得た富に自分で納得できなくなってしまう本能の叫び」みたいな性質は明らかにあります。

要するに、「弱肉強食ビジョン」を語りまくっている人ほど、心の底では今の自分が得ている特権的な富に対して申し訳ない思いを持っているんだってことです。

そして彼らが必死に「弱肉強食ビジョン」を語っていることは、20世紀的なリベラルのあまりに無責任で夢見がちな性質……に社会全体が取り込まれて実際にはさらに大きな不幸を撒き散らしてしまうことがないように、ブロックしてくれている大事な門番だということも言えるわけですね。

やはり「誰が悪いわけでもない」んですよ。合意形成カーブが……（以下略）なんですよ。

言論だけじゃなくて、あらゆるリーダーシップがそうなんだよ

さて、これまで常に「言論」という言葉を使ってきたので、メディアを通じた文章の発表といったものだけの話のように感じられるかもしれませんが、日常生活において、ある集団をどう動かしていくのかという問題が生じた時に、突破口ともなる話なんですね。

「具体的な提言」だけとってみれば誰でも納得できるようなものなのに、「それを載せる論調」が無駄に「〝敵〟を作り出してそれを否定しようとする形式」になってしまうので、結局その「誰のためにもなるはずの具体的な提言」すら、広い範囲の賛同を得て具体的に実行に移されることがないままになってしまう

……というのは、最近の日本では心当たりがありすぎるほどある話ですよね？
結果として世の中には「当たり障りがない形だけのもの」か、「相手が反論しにくいからというだけで、別に本当は誰も望んではいないんだけどゴリ押しされたもの」だけが溢れていくことになります。

目指したいのは、

「みんなのために毎日頑張ってる人の苦労がちゃんと成果に繋がる社会」にしようぜ

という当たり前なことを実現させることです。

しかし、この「当たり前なこと」も、誰がその「本当に頑張っている人」なのか？ というところが一面的すぎる価値観で占められていると、社会全体でアクセルとブレーキを両方同時に全力で踏みしめている状況になってしまって、どこにも進めないわ徒労感は満ちて来るわ、無理をしてあちこちを痛めてしまうわ、ってことになるんですね。

ある種の価値観の方には容認しづらいことかもしれませんが、堀江貴文氏やその周辺のベンチャー起業家たちが、「頑張っていない」ということは全然ありません。しかし一方で、彼らの活動を結果として「制限」することになってしまった勢力が「頑張っていない」わけでももちろんない。

それどころか、現状では具現化される新しい事業のあり方が共同体の安定感を破壊するものばかりなので、「その破壊的な流れを適切にサボタージュして破滅的な状況にならないようにする」ための使命を持って、ニート的な存在になってしまっている人たちだって「頑張っている」のです。

彼らが意識的にそんな使命感を持ってニートになっているわけではないでしょうが、しかし本能的な社会の連動性というレベルの話で言うなら、彼らは「エンジンの回転数をあげるまでクラッチを切っておかないとエンジンを壊してしまう」的な意味で、「現状の経済の非人間性」と「生身の人々の生活」との間の「緩衝材」として機能してくれているのです。

彼らだって毎日「無駄飯喰らい」扱いされながら「どうしても前向きになれない自分」たちと「戦って」生きているわけなので、彼らが「頑張っていない」わけでは決してないのです。

そうやって**「実はみんな頑張っている」のにお互いを罵倒しあうだけに終わってしまっている状況を、なんとか打開しないといけないいけない**んですよ。

だから「誰が悪いわけでもない」という視点からしか我々は前に進めないのです。

ただ、「現場レベルでの会話でどれだけ立場の違う人たちとわかりあっていけるか」というチャレンジだけでは、なかなか「大きな経済規模で打開していく」ことはできません。

「世の中でどういう論調が支配的なのか」という「環境」のレベルで逆風が吹いていると、それを超えるような動きをすると一気に「わかりにくい」ものになってしまうので、大きな経済規模を実現しようとする動きと両立できなくなってしまうんですね。

だからこそ、本当は「もっとその先を描く才能がある」タイプの人間でも、いざ起業家になったり大きな事業会社で働いたりコンサルタントになったり金融関係で働いたりすると、「今の社会で支配的な論調の内側」で仕事をせざるを得なくなる。

「その先」とか悠長なことを言っていると毎年の数字が作れなくて淘汰されてしまうからです。

でもね、**彼らのうちの少なくとも本質的に優秀なタイプの人間には必ず「その先」も見えてい**

るんですよ。

もちろん全然見えてない困った人たちもたくさんいますけど、そういう人たちは「その先も見えているんだけど現状こうするしかないというレベルで活動しているトップランナー」たちの「マネ」をしているだけなので、実際にはその「トップランナーたち」さえ転換できれば大きな流れ全体を転換できるわけです。

そこに**「援護射撃」をしてあげられるかが、「資本主義か共産主義か」みたいな大雑把すぎる20世紀的議論の形をかえた延長を繰り返すのとは次元の違うレベルで、今の「言論」を担う人間たちに求められていること**なのです。

つまり、

「一番まどろっこしい話でもできるタイプの言論」をしている人たち

のところから、

「一切の曖昧さが許されない最前線的な領域」で日々生きている人たちが毎日自然に使える

ところまで、ちゃんと、

ドミノ倒しに広げていける「新しい時代の言論」が必要

なんですね。

だからこそ、今はほとんど無駄飯食いの代表としてニートと並び称されているぐらいの「人文・思想」分野のプロのみなさんの活躍の場がそこにはあるんですよ！

思想から現場までの「ドミノ倒し」が必要なんだ

つまりいわゆる「思想とか批評」とかいうレベルの分野で、日本は新しい「自分たちの根底的な世界観」を作り出さないといけないんですよね。

世間的には地味すぎるようですが、しかし「そこ」での転換なしには、そして「そこ」からのドミノ倒しなしには、日本全体を日々の経済レベルで転換していくことはできないんですよ。

欧米に比べて知識人同士の内輪の共通了解的なものが社会に一切守られていない状況の中で、いわゆる「あまりにもポストモダンすぎる」時代を過ごしてきた日本の中の「思想」の分野において活躍しようと思っておられる方々の中には、欧米における同種の知識人の言うことが物凄く楽観的すぎるほどアナクロに感じられつつ、でも彼らの方が明快でわかりやすいからそれを超えるようなことも言い出しづらい……という袋小路の中で、ネット内の特殊な流行や日本におけるアイドル事情なんかを衒学(げんがく)的に分析することで不満を紛らわせている……ような人たちがたくさんいますよね？

あなた、あなたのことですよ！

そういう人たちこそが、積極的に「日本発の新しい世界観」を作っていかないといけない時代なんですよ。頼みますよ？

「知識人の自己満足的カッコつけ」をどこまでもグダグダに飲み込んでしまうポストモダンの洗礼の嵐の中を、何十年と生き残ってきた日本の知識人だからできる、「その先の大きな物語」を、世界は今求めているんですよ。

「俺は東大生だから漫画なんか読まないぜ」とか言ったら物凄く選民思想に凝り固まった嫌なやつな感じがする……ような状況の国でしかできないことがあるんですよね。

知識人が知識人ぽいこと言ってれば簡単に通用するような社会で甘やかされて生きている欧米の知識人には、「こんなことできねーだろ？」というような、下半身的欲望に全てが飲み込まれきった先に立ち上がる新しい「みんなのための大きな物語」を立ち上げるんですよ。

日本における「思想」を扱っている人たちの中の、「ただ流行を真似てるだけじゃなくて現状はこの範囲しかできない情勢だからあえてやっている」というレベルのトップランナーたちの活動には、「その先」を描ける力が必ず眠っていると私は思っています。

日本が誇るスポ根バレリーナ漫画、曾田正人（そだまさひと）さん作の『昴（すばる）』のセリフを思い出しましょう。

バレエの国に生を受けなかったことで、絶対に到達できない最後の一線がこの芸術には存在する、そう思っていた……しかし、だからこそ、「持たざる者」の中から生き残った意志は本当だった——

20世紀のある時期に、世界中の知識人がフランスの哲学的スターたちに熱中していたようなブームを、あなたたちなら今から起こせるはずなんですよ。欧米の過去のスターたちの訓古学を水戸黄門の印籠みたいにして偉そばることが仕事、みたいな情けない現状はなんとか打開していただきたい。それこそ無駄飯食い扱いされて当然って状況ですよ。

「思想」みたいな分野なんて地味すぎて全然影響力がないように見えますが、その分野と「新聞などの自称ハイソな言論メディア」は今でも密接な関係にあるんで、「思想」レベルで根幹部分の完全な基礎が固まらないと、たとえば新聞の記事を書く役割の人たちだって「その先」がわかってても踏み込めないいんですよ。

結局、

20世紀的に使い古されたリベラル言論の「その先」

を、

新聞メディアぐらいに影響力の大きい媒体でも大々的に実現していく

には、

「その世界の中のほんの一部のトップランナーが本音のところじゃわかってる」ってだけじゃダメ

なんですね。

「思想」分野で、今の時代の「本当に切実でリアルな問題」に対するサルトルやフーコーやドゥルーズやデリダが日本から出てくれれば、今はあらゆるネット言論から国賊扱いされている朝日新聞などの媒体が、なぜ現状では意地を張り通していないといけなかったのか……が、やっと広い範囲に理解される時代となるでしょう。

憲法変えられたくないならば、必死で「あたらしいリベラル」を創りだしなさいよ！

そうやって「思想レベルのあたらしいムーブメント」が日本から起こせれば、やっと今はあらゆる方面から評判が悪い日本の中の「朝日新聞的存在」も、「その先」に参加することができます。

「人文思想からのドミノ倒し」がちゃんと倒れてこないと、「その先」が見えている人がたとえ朝日新聞社の論調を決められる立場にいたって結局何もできないんですね。

「これじゃダメだってわかってんだけど、今はとりあえず〝これまでの範囲〟でお茶を濁してるしかないんだよ」

という不満を抱えている人は、伝統的大新聞の中にも、確実にいると私は信じています（確信できないのが辛いところなんですが……いますよね？　ね？）。

「人文思想分野からのドミノ倒し」が起きてくれれば、そういう「わかっててやってるトップランナー」たちが、「トップランナーのマネをしているだけの人たち」を引き連れて、

あたらしい21世紀のリベラル

を立ち上げていってくれるでしょう。

これは、新聞に限らず、出版やテレビ・ラジオを含めたマスコミ複合体のありとあらゆる場所で言えることです。

今の時代のトレンドを創り出している人たちには、「盲目的に時代の流れに乗っているだけの人たち」もいるにはいますが、その多くは、

「本当は〝その先〟も見えているんだけど、現状では数字を維持するためにこの範囲のことしかできない」という人たちが多くいるんですよね。

そういう人たちのところまで、「思想的ドミノ倒し」が届きさえすれば、「コンテンツの出し手」としても「本当はこういうことがやりたかったんだよ」だし、消費者側からしても「子供ダマシじゃなくてこういうのが欲しかったんだよ」ってなる世界は、同時多発的に生まれてくるんですよ。

そこで生まれてくるべき「あたらしいリベラル」に必要な転換を標準的にまとめたものが、

「新幹線的言論から山手線的言論へ」

なのです。

たとえば中国韓国との関係に対しても、本当の意味で「中立」な意見がなくて、とにかくずっと「日本国内で生きている生身の人間のプライド」の方を引っ込めさえすればいいんだ、という議論はこれから通用しません。

そういうのは、結局「知識人として恵まれた立場でいる自分の特権で、生身に生きている人々を断罪して悦に入ってるだけ」だからです。

結果として、本来リベラル派が「本当のフェアさとは何か」を真摯に追求していさえすればありえなかったほどにまで、「右派の派手すぎる反発」が生み出されることになります。

その結果、中国韓国との間が修復不能な方向にコジレてしまったり、副作用として国内で「朝鮮人を殺せ！」とか騒ぐ人たちが出てきてしまうことは、「右派の論客さん」たちだってマトモなアタマがある人なら本音のところでは困っているわけですよ。

それに、中国韓国に生きていて、実際に彼らの国の生身の問題を解決しようと運動している人たちにとっても、「とりあえず日本が悪いってことにしておけば彼らの国内では全てが解決したことにされてしまう」ような状況は望ましいことではありません。

それに、中国共産党政府だって見ようによっては、「新幹線的言論」があまりに世界に溢れかえっている中で、ギリギリのところで13億人のアクティブすぎて自分たちでも自分たちを持て余しちゃってるような熱量の塊みたいな人たちを、どうにかこうにか暴発しないように必死になって頑張ってくれてる存在なんですからね。

彼らは今、「それ中国で明日実行したらメチャクチャなことになるぜ」っていうような「新幹線的リベラル言論」ばっかり押し付けられてしまうから、逆に国際的非難を受けまくってでも国内をキリキリ締め付けることが必要になってしまってるわけですよ。

だからこそ、中国共産党のボスの立場に立ってみたって、今一番必要なのは、日本が「山手線レベルのリベラル」をちゃんと世界に向かって東アジア圏代表として表明していってくれることなんですよ。

ちゃんと「中立」な立場で、押し返す分は押し返すことができる「あたらしいリベラル」が日本から生まれないと、日本の右派はさらにエスカレートせざるを得ないし、中国韓国は「国内でなんか解決すべき問題があっても、全部とりあえず日本が悪いってことにして不満をそらしてしまおう」という立場を続けざるを得なくなるし、中国共産党政府は「過激すぎる国内の民主化運動」を踏み潰し続けなくちゃならなくなるんですよね。

つまり、

「中国韓国の中での具体的な社会変革を目指そうとしている人たち」のため

にも、それどころか、

「中国共産党政府の権力者たち」のため

にも、

「押し返すべきところで、押し返すべき強さの力で正確に押し返すべき距離だけを押し返せる中立性」

をいかに確保できるかが、

「あたらしいリベラル」に求められている喫緊に必要な課題

なのです。

「新幹線的」に単純な、どこかの誰かに「悪役」を一手に引き受けてもらうような言論パターンは、21世紀には全ての悪の根源ってぐらいに有害なものなんですよ。

あなたたち、憲法変えられたくないんでしょ？　じゃあ必死になって新しい論調を生み出しなよ。

あなたがたの「競争者」の日本の右翼さんたちは、過去20年以上、着々と自己反省と新しい理論武装を積み重ねてきてるんですよ。

それへの敬意なしに、ただ20世紀の一つ覚え的な批判を繰り返しているような無反省なプレイヤーは、淘汰されてしまえばいいんです。絶滅してしまえばいいんです。己の愚かしさと無反省を骨の髄まで味わいながら地獄に落ちればいいんです。

「平和を我らに」

しかしね、これだけ「現場の自然的な積み重ね」を邪魔しまくる風潮が吹き荒れているのに、それでも世界第3位の経済大国のままでい続けているってこと自体が、物凄いことなんですよ。

自分たちだけ物凄い重りを付けて走っているようなものなのに、なんとかかんとか3位につけている。

それを考えたら、これからの日本は、別に物凄く特殊で自分たちの本性からかけ離れたことをしなくちゃいけないわけじゃないのですよ。

ただ、「無駄な罵り合い」を超えて、「毎日具体的に頑張って積み重ねていってる人の頑張りがちゃんと成果に繋がる環境」を作っていけばいい。

その突破口になるのは、「あたらしいリベラル」の言論を立ち上げることです。

「知識人の自己満足的な理想像」を「生きている生身の人々」に無理やり押し付けるような20世紀風の過ちを反省してね。

「水が低きに流れる」ような、自然的な感情の放出が、あたらしい平和の起点となるような、そういう「あたらしいリベラル」の世界観を作り出さなくてはいけない。

その世界観が、「思想レベル」から「新聞的な旧来のメディア」レベルにまで到達し、そこから出版やテレビ・ラジオ等のマスコミ連合体の中の「その先を描けるトップランナー」たちを目覚めさせていくとき、「市場原理主義」と「本当の現実」との間にトンネルが開くのです。

そしたら、**今は無駄な罵り合いに陥っている不幸を超えて、「今までオマエらのこと不倶戴天の敵だと思ってたけど、でもよく考えてみれば本来、この国がどうやったらよくなるかを、お互い真剣に考えていただけだよな？」という「ど真ん中の共有軸」に集まって、ただただ自分たちのオリジナルな解決策を次々と工夫していくだけで良いという世界になる**でしょう。

そして、そのプロセスを通して、過去の歴史に対するアンフェアな扱いに対して鬱憤を感じ続けてきた日本の右翼さんの切なる願いも、そして本当の「後腐れない完全な反省」を成し遂げたい左翼さんの思いも、両方昇華していくんですよ。

過去に機動隊に踏み潰された学生さんの魂も、学生の投石で殉職した機動隊員の無念も、両方〝完全に等価に〟入ってるんですよ。

これが第2章のテーマ、「第1章で描いた理想像」へ、日本社会を一歩ずつ動かしていく「方法」なのだということです。

第3章
愛こそはすべて（All You Need is Love）

オレけっこう純愛タイプだからなあ……
そういうのやったことねーっスよ
できるのかなあ〜〜〜
（『ジョジョの奇妙な冒険』のセリフ）

「下部構造」としての「愛こそはすべて」

さて、そういう「知識人」さんたちへの宿題的な話は第2章までとして、ここからはさらに、「自分自身が水となる」というような話をしたいと思います。

つまり、「低きへと流れる水」を大きな視点で見下ろして、客観的に捉えてなんとかしようと考えていくのが「第2章まで」だったとして、そこでふと、「そういう自分自身だって結局その中にいるんだよな」という視点も同時に必要ですよね。

つまり、自分自身だってその「低いところへ流れていく水」の「一員」だということです。

その中で、ちゃんと水が低いところに流れていくように、無駄な抵抗をして流れを滞らせてしまわないように、その流れの先にこそ希望はあるんだということを実感しながら進めるようにしていくことも、同時に必要なことですよね。

それが、この世の中のありとあらゆる「公式的な形あるもの」を下から支えている、「愛こそはすべて」的な領域なのです。

もっと端的に、「下半身的事情」と言ってもいいわけですが。

そういう「生身の欲望の連鎖」的な世界に逆らわず、全体として第2章で書いたような「大きな流れ」に持っていくことが、今日本に求められている課題なんですよね。

日本の真言宗をひらいた空海が、「数ある仏教の経典の中でコレがダントツに最高」と言っていたお経に「理趣経(りしゅきょう)」があります。

その注釈書を貸す貸さないというだけでライバルの最澄さんと揉めに揉めたというぐらいのいわくつきのお経ですが、今はネットの検索窓に「理趣経・現代語訳」とか打ち込むだけで誰でも読めてしまうというのもなかなか凄い時代でありますね。

その内容は、簡単に言うと「人間のありとあらゆる性質の絶対的肯定」と言ってよいもので、わざわざ色んな例をあげて、ありとあらゆる種類の性欲だったり他人に何かを自慢したい気持ちだったり、何かを見たり聞いたり匂いをかいだり食べたりする楽しみや、それどころか矢のように激しく欲望が動くこと自体や、欲望に際限がなく貪ってしまうことや、愚かしさや、何かを許せないと感じる怒りの気持ちなど、人間にある、

良くない部分とされがちなもの

はすべて、

物事を狭い範囲にとらわれた視点で見るから「悪」とされてしまうのであり、その本質はすべて人間にとって自然で清浄なものである

とズドドーンと言い切ってしまう内容なんですね。

ここまで「欲望の絶対肯定」みたいなことを言っておきながら、文章の感じが最初から最後まで高雅で、決して「どうせてめーらには理解できねえだろーがよお」的にヤサグレた感じが一切ないところが理趣経の魅力で、内容的に見て、日本社会の根っこにある呑気さ（ある種の知識人からみると一番嫌な部分）を支えている思想ではないかと私は思っています。

私は父方も母方も辿って行くと二世代前は高野山近辺の山村から出ていて、彼らの話を子供のころから聞かされていたからか、初めて高野山に観光で行った時に「なぜか懐かしい気持ち」になってしまったぐらいなのでそう思うのかもしれませんが、とにかくこれからの日本はこの「理趣経的地平」から再出発するしかないと思っています。

もちろん、この発言だけを放っておくと、ただのセックス至上主義教団みたいな集団になってしまいがちだし、どこまでもグダグダになってしまう方向性を嫌って、「真言亡国」と批判する気持ちもわかる。そういう批判は歴史的に絶対必要だったでしょうし、これからもそういう「バリッとした意地」の要素も日本にとって重要な役割を担い続けていくはずです。

それに、欧米由来の、何が許されて、何が許されないのかを厳しく峻別していくような社会システムも、取り入れていかねばならない時代ではあります。

しかし、その根っこの部分において、

「理趣経的全肯定の地平」から1ミリでも浮き上がったような社会運営のビジョンは、すべていずれ内在する「不自然さ」のしっぺ返しを受けて崩壊するのだ……ということが、21世紀の思想の根底的な約束事に、これからなっていく

でしょう。つまり、

ある個人の「無理やりな高潔さ」を前提とするようなビジョンは、結局「恵まれた立場に生まれ育った余裕」があるからこそできる「物好きな行為」によって、自分以外の「普通の人たち」を断罪して悦に入っているに過ぎないのだ

ということです。

もちろん、彼らの「やせ我慢のカッコつけ」の説得力によって、人間が獲得してきた理想主義的なビジョンそのものには価値があるわけですから、それをただ引き落としてしまえばいいわけではないし、過去には、そして今でも途上国では、その「やせ我慢のカッコつけ」の説得力がある程度は生きていることが必要ではあります。

が、「その先」へいかないと、21世紀のありとあらゆる問題が解決しないのです。

だからこそ、「人間の根本的な自然性から5センチほど浮き上がっている欧米由来の理想主義」

を、「理趣経的な全肯定の呑気さの地平」まで、「理想主義の良さは失わない形で」実現していくのが、これからの日本にとっての「やるべきこと」なんですよね。

……なんか壮大すぎる話をしていて意味がわからない？　という感じかもしれません。

でも、いいんです。要するに、

「放っておいたって自然に日本はゴールに向かうよ」

ということが言いたいのだとも言えるからです。

日本の知識人たちが、大挙して「あたらしいリベラル」の言論を立ち上げることができたなら、それはそれで回復が早まるから万々歳です。でも、その大半が全然何もしなくて無反省に20世紀的な罵り合いを続けていたって、結局「出口」はその「ど真ん中の針穴」にしかないわけですから、いずれそこから吹き出すしかないのです。

日々起きている経済の動揺も、政治面での罵倒合戦も、結局「ど真ん中」以外の方向に押し出そうとする動きは全て「逆側の抵抗勢力さん」の力によって押し戻されてしまうので、決してどこにも進めないわけです。

つまり、**「遅かれ早かれ我々はど真ん中から吹き出すしかない」状況に追い込まれてしまっている**わけなんですよ。

憲法問題で論争するもよし。原発問題で議論するもよし。ＴＰＰ関係で議論するもよし。**思いっきり「逆側の人間」を否定する大伽藍のような論理を振り回せば良いのです。「非寛容の論理」に思いっきり則って、20世紀的な罵倒合戦をやればいいのです。**

理趣経が言うように、貪るような際限のない欲望も、真実を決して理解できない愚かしさも、そして際限ない怒りの発露も、本質的に見ればすべてが人間存在の奥底にある本当の自然性から出ているわけですから。本当に全てをスムーズに解放できれば、それこそ「神の見えざる手」に導かれて人類は前に進めるんですよ。

現状の資本主義は、「経済」に乗っかってくるのが「人間の本性」のほんの一部でしかない仕組みになっているからいずれ破綻する。こういうのを「経済外部性」といいます。じゃあ、「日本という集団の生身の集団的吟味力」と「グローバリズム」を化学反応させて、「理趣経レベル」までありとあらゆる「経済外部性」を「繰り込める」ようになりさえすれば、「神の見えざる手」で全てが解決できるようになるってわけです。

論争したければすればいい。罵倒合戦をしたければすればいい。むしろ全力で罵倒合戦をすればするほど、その罵倒合戦のバカバカしさが本能的なレベルでみんなに理解されるわけですから、それは日本社会が進歩するための「不可欠のステップ」と言っていいぐらいです。

心を覆い隠した「理性的な議論」を密室でやっていても、そういう「経験値」は溜まってきませんからね。そうやって無意味な議論を積み重ねることの「虚しさ」を体験すること自体が、

「必要なステップ」なわけですし。

そして、その間に、ほんの一部の知識人の密室的議論や、「意識の高い大学生」が振り回すこの世界の〝喫緊の課題〟たちとは全然違う場所で、普通のオジサン・オバサンが何を良いと感じ、何をイマイチと感じるのかというようなレベルの「気分」の領域において、我々日本人の集団的本能は、「次の時代」を全く無理のない自然性の上に立ち上げるための本質的な準備を着々とやってきているんですよ。

デフレ経済20年あってこその、新しい経済がそのうち立ち上がってくる

大学時代に、東大に4年行ったあと専門課程に進級できずに退学し、京大に入り直したという「年上の後輩」がサークルにいて、一緒に「漫談の合間に歌も聞かせるアカペラグループ」みたいなものをやって、各地に依頼されて公演しに行ったりなんかしていたことがあります。

それで仲良くなったんですが、「バブル経済の余波冷めやらぬ時代」に東京で最初の大学生活を送っていた彼と、次々と大きな会社の破綻が報じられるなかで京都で大学生活を送っていた私との価値観の違いは結構衝撃的でした。

というのも、彼は東京での学生生活時代に学生ベンチャーのハシリのようなことをしており、学生としては結構お金もあったので、

「クリスマスにはあのホテルのスイートを予約しないとすべてがはじまらない」

式の恋愛美学が染み付いていて、「ほんのちょっと年上」なだけなのにえらく大時代的なことを言う人だなあ……と違う星から来た人を見るような気持ちがしたものです。

今の若い人はもっと徹底しているでしょうが、既に私の頃から京都では、付き合いはじめたらどっちかのアパートで一緒に暮らしはじめて、デートは叡山電鉄の一乗寺駅から本屋やカフェを巡りながら詩仙堂まで歩いて庭園でも眺めようかとか、クリスマスは近所のケーキ屋さんで買ってきたケーキと、近所のスーパーで普段は買わない上等な肉を奮発して買って作った特製ディナーで祝おうかとか、さらに長期休みにはお互いの実家付近を訪ねて、通っていた小学校やら中学校に行ったりしながら色んな思い出話を聞いてみたりとか、なんというかそれ系のハンドメイド感溢れる楽しみ方が普通でした。

そういう「ハンドメイド的な幸せ」が、昔の「四畳半フォーク」的なうらぶれた雰囲気とは違う、「新時代のカッコ良さ」として定着しはじめた時代だったんですね。

お仕着せの「みんながやっていること」をやるのではなく、一人の男と一人の女のそれぞれの「パーソナル（純粋に個人的な、その人ならではのこと）」を持ち寄って何かを築いていくことが「愛」ってやつでしょう……という価値観が広く行き渡った時代なわけです。

ここで、その「年上の後輩」の彼が雑誌「ホットドッグプレス」式のミーハーマニュアル人間ぽい人だったら全然違和感なく「そういう人もいるんだね」で済んだんですけど、彼は色んなクラシック音楽に造詣が深く、歌もすごくうまい超趣味人だったんですよね。

その趣味人としての彼と、強固なバブル経済風デートマニュアル美学とのギャップがどうも結びつかないというか、バブルの時代には「本当にありとあらゆる人が同じゲームに参加していたんだなあ」という非常に感慨深い思いを持ちました。

第3章に入っていきなり何の話がはじまったんだ？という感じですが、ここで重要なのは、「みんなが同じゲーム」に参加していたら、経済を好調にするなんて簡単だろうな……ということです。

「みんなで実現したいこと」がある程度共有されて同じものとしてあるならば、それを「やろうぜ」というふうに社会全体で動かしていくこともたやすいわけです。難しい話は抜きでいい。

ただね、たまに高級ホテルに泊まってみるのもいいですけど、それだけだと二人の間で積み重なっていくものが、全然パーソナルなものにならないし、所詮他人事な話だから刺激に飽きたらだんだん疲れてきちゃうんじゃないの？　ってところがありますよね。

二人で「何か高級なもの」を楽しむとしても、そこに「二人のパーソナルなもの」が乗っかってこないと所詮は他人ごとのゲームに無理して参加しているだけです。

「はじめに」に書いたように、私は「日本社会のリアリティを隅から隅まで」知ることが私の仕事にとっては前準備として必要だという思いから、いろんな日本の「職場」に潜入していった中で、一時期ホストクラブに勤めていたことがあります。

先輩のお客さんにヘルプ（一人のホストに複数のお客さんが同時に来た時に、代理でお相手する役目）でついた時に、「あんた面白いからドンペリ入れてあげるわ」とか言われて「ドン・ペリニョン」のボトルを入れてもらったことがあるんですが、はじめて飲んだドンペリは生産者のフランス人の歴史とプライドを感じるとても上品なお酒でした。

でもね、それを二人でじっくりゆっくり味わって飲みながらロマンチックに僕とあなただけの色んな話をしようよ……みたいな感じにはなれないんですよね。バブル的価値観が無理やりにも生き残っているホストクラブの世界では。

職業は風俗嬢のお客さんがルイ・ヴィトンの長財布から札束をズラッと出してみせて、それに対してホスト一同が「ドンペリ入りましたぁ!!」って大騒ぎして、よってたかって一気飲み大会がはじまって無理やりにでも一晩で消費し尽くしてしまわないといけなくなるんですよ。

バブル経済っていうのは象徴的に言えば日本中でこういうことをやっていた時代といっていいわけですが、しかしそういうことばっかり続けていると、「経済全体」が消費者の本来的な願いから浮き上がってきてしまうんですね。所詮他人事なことばかりを必死に実現しなくちゃいけなくなる。

そうするとだんだん、「買い手」側としてはそれほど欲しいとも思ってないんだけど「働き手」

としては何か欲しがって貰わなくちゃ困る的な事情でデッチあげられた「商品」たちに、心の底では乗り切れない思いを持ちながら、まあ付き合いでノリノリなフリをする……ことをみんながやっていれば、そりゃあデフレにもなるよね……ということになります。

ここまでの話をまとめると、

「みんなで共通する欲求」に社会全体で着目すればするほど、景気は簡単に良くなるが、その結果「パーソナルなもの」が置いてけぼりになると、経済そのものが普通の人間の生身の生活から「他人ごと」になっていってしまう。その結果いずれバブルは弾けてしまう。

逆に、「パーソナルなもの」に社会が着目していくようになると、「みんな一緒にとりあえずコレをやっておけばいい」というような共通了解が作れなくなるので、そう簡単には社会を一方向に大きく動かすことはできなくなる。結果として景気は悪くなる。

ということになります。

だから、単純に「バブル経済時期のような価値観」を批判して「マットウな人間の暮らしというものはああいうもんじゃない」的な批判をしているだけでもダメだし、逆に、「個々人のパーソナルなもの」だけに着目して、別に服はファストファッションでいいじゃん、都会に住まなくてもいいじゃん、できるだけ消費しない方がいいじゃん、みんな田舎で自給自足生活すればいいじゃん……的な方向を突き詰めていくだけでは、結果としてそこで描かれるのは「ごく少数の物好きが実践し、みんなが〝いつかはそういうのもいいなあ〟と憧れる対象にする」というレベルを超えて普及することは決してできない、「原始時代に戻れっていうのかよ」的な無責任な言論にしかならないというわけです。

要するに、「部屋の温度は高い方がいい」「低い方がいい」的な一方向的な論争には意味がなくて、

適温

を目指す議論が必要な領域なんだってことですね。

ん？「適温を目指す言論」……って、さっきもどっかで聞いたセリフだな？

そうなんですよ。

第2章まで、「言論」レベルで捉えることができる現象について描いてきた数々の構造は、「経済」の本能のレベルでも同じ事情を生み出しているんですね。

「ミドリムシの大量培養方法」を模索するような態度が必要だってわけです。

「M字カーブと凸型カーブ」の応用編

では、第2章までに見てきた、色々な分析図の、「経済」への応用編を考えていってみましょう。

バブル期までの日本の経済や、現在発展著しい途上国の経済というのは、図1−3のような「凸型の合意形成カーブ」が実現できているんですね。

そういう経済においては、とりあえず「実現したいこと」の合意が簡単に取れるんですよ。道路を作ろう。電力が必要だ。病院が必要だ。テレビが欲しい冷蔵庫が欲しい。それをみんなに行き渡るようにしたいよね。

結果として、「合意形成カーブ」が凸型になっている。「次はコレをやろう」というア

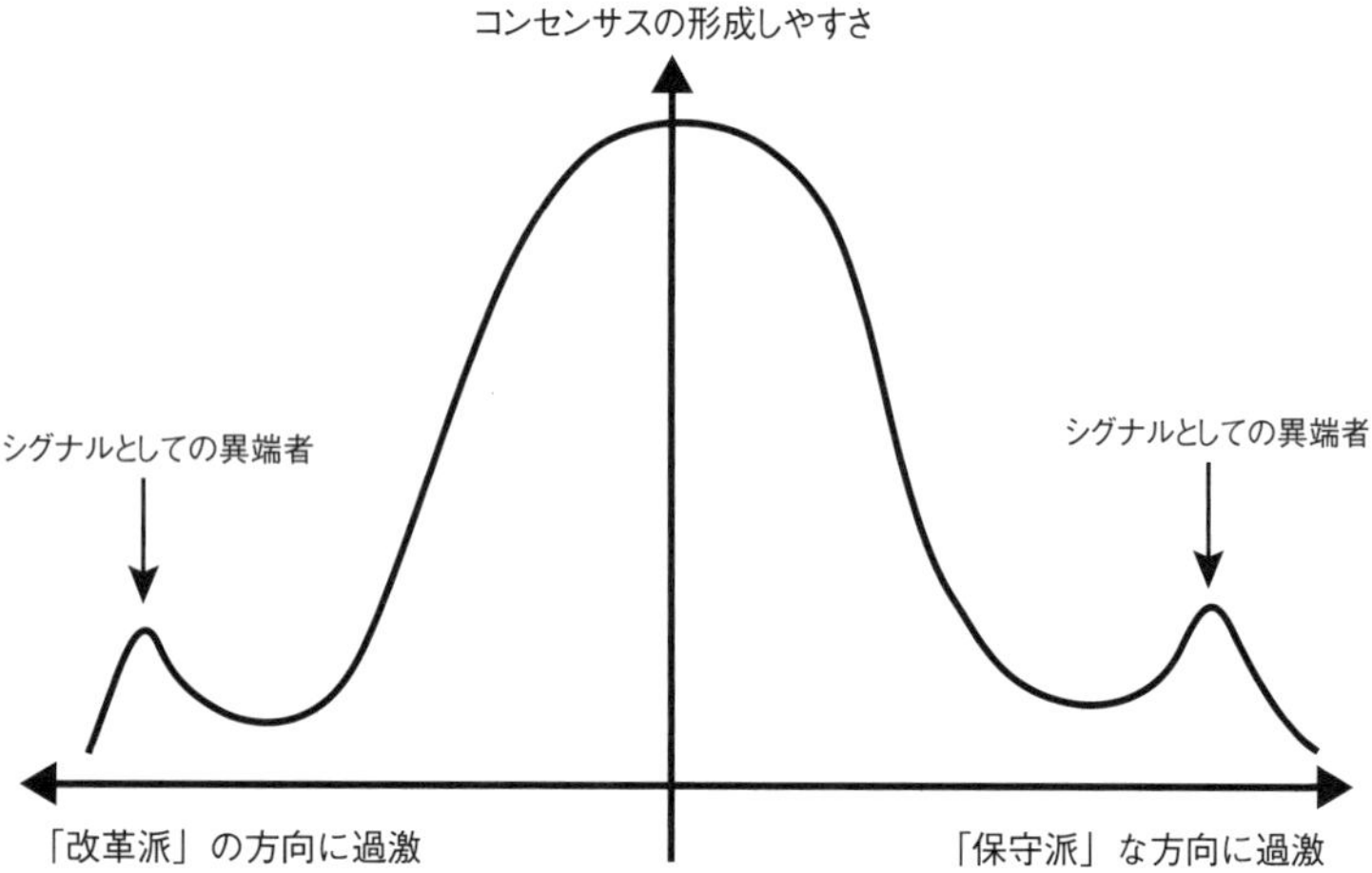

図1-3　ある人間集団のパフォーマンスを最大化する理想状態（再掲）

クションに対して広範囲の賛成を取り付けやすいので、そこに資金を手当する仕組みもうまく作動する。次々とコレをやろう、あれをやろう……という取り組みが続いていくので、景気も簡単に良くなる。

しかし、この理想状態は長くは続きません。「みんなが欲しいと思うもの」がある程度「みんな」に行き渡ってしまうと、その過程で置き去りにしてきた「パーソナルなもの」がくすぶりはじめるからです。

そうすると、だんだん「こんなことばっかやっててもなあ」と思う人が増える。一気飲みの飲み会ばっかやってても、疲れちゃうよね……となって、だんだんその「宴」が「ほんの一部の人たちだけ盛り上がっているから騒ぎ」になっていってしまうわけです。

そうやって「みんなで共有できるもの」がなくなってくると、合意形成カーブが図1-2の「M字」化してくるんですね。

みんながみんな、「自分たちだけの特別なもの」を目指し始めると、自分たちで作ったケーキで、いつもの自宅でクリスマスは祝おう……とか言ってる程度ならいいんですが、それがどんどん過激になってくると、究極的には自分たちだけで山奥に籠もって自給自足生活したい……みたいなところまで行ってしまう。「みんなで共有する喜び」が全然実現できなくなってしまう。

ここで重要なのは、どれだけパーソナルなものを大事にした社会にしようとしても、人間は生きている以上「社会全体」「世界全体」で共有できるものが必要だということです。

そして、「社会みんなで共有して何かをしよう」という動きが消えてしまうと、全体としての活動量が減りすぎて、経済全体が数字的に維持できなくなってくるんですね。「個別の小さな幸せ」だけをみんながみんな追求するようになると、人類全体で「熱度」が足りなくなって低体温症で死んでしまう……みたいな状況になるんですよ。

要するに、社会の共通インフラである電力や水道やガス、道路や防衛……などを数字的に維持できるだけの「共通の動き」は常に必要なんですよね。

できるだけ自給自足的な生活をして、貨幣経済から脱却しようとかいう活動をしておられる人（彼らが現代社会の矛盾に対する暫定的なバランサーになっている価値は確かにあるんですが）に対して、「普通の人」が「無

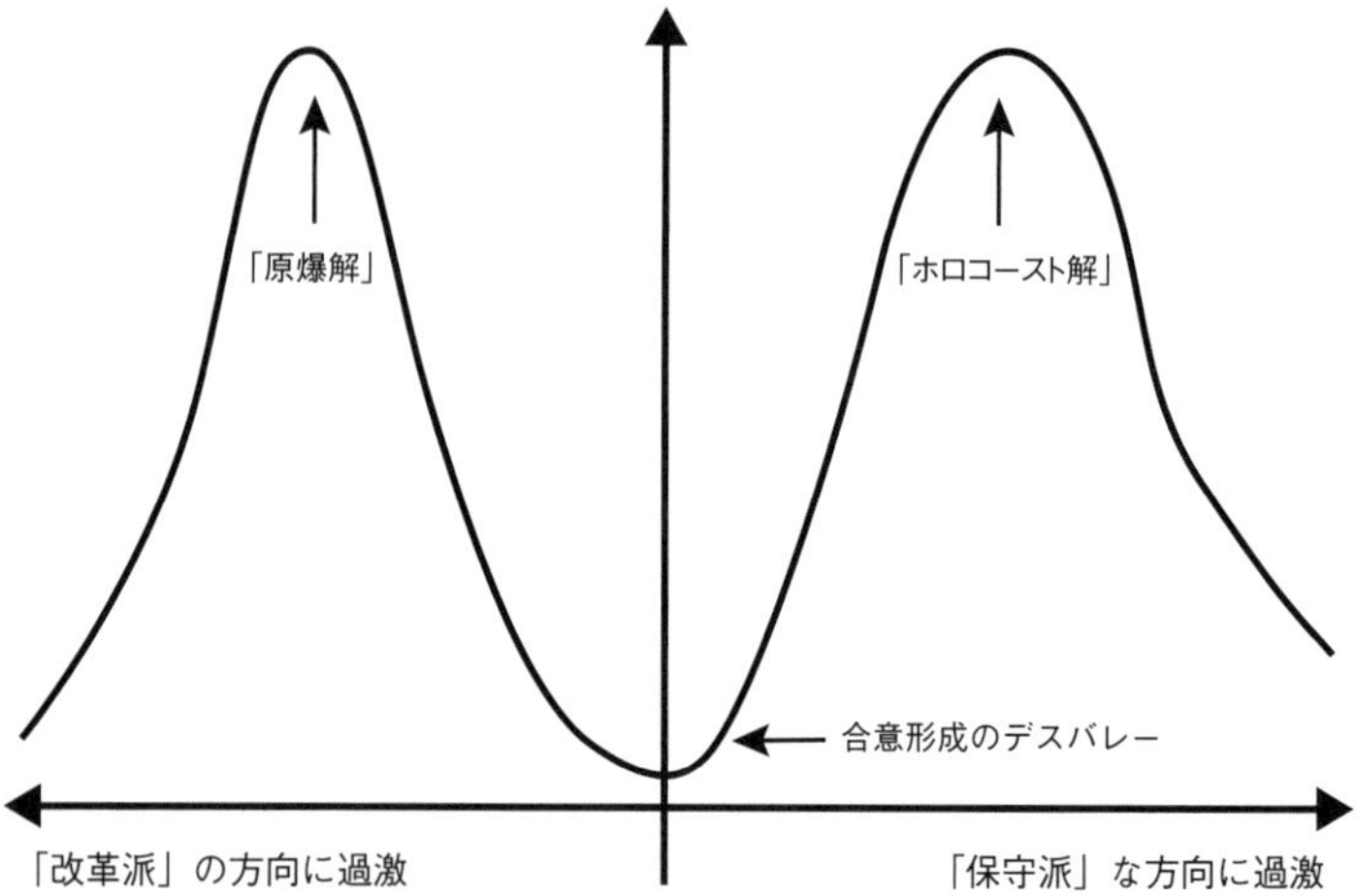

図 1-2　合意形成のM字カーブとデスバレー（死の谷）（再掲）

人島で完全な自給自足をやってるならともかく、我々が税金払っているから道路が使えるんだぜ」的な批判をすることは、やっぱりコレ以上の真理ってのもなかなかないというぐらいに正しいんですね。

それに、やっぱ「みんなで何か」やることの楽しさ……みたいなのがないと、人間寂しくなってきますし、「二人だけのパーソナル」だけを極限的に求めて行ってしまうと、四畳半フォークどころかそれこそ心中するしかなくなっちゃいますからね。

だからこそ、「合意形成カーブがM字に分断してしまった社会」においても、無理やりにでも経済規模を維持するような行為はどうしても必要になってくるんですよ。

その結果、「合意形成カーブがM字に分断してしまった社会」において広い範囲に共有できるものは、「原爆解」と「ホロコースト解」の位置にしかないので、それらの位置にある商品だけが世界に溢れかえり、結果としてそれらの流行に乗りきれない思いを抱えた人が増えて、さらに経済が「他人ごと」になっていき、一部の人たちだけが経済の規模を保つために必死に自己洗脳をしてから騒ぎを続けるような世界になってしまうのです。

しかしね、第2章のキーワード、「誰が悪いわけでもない」っていう見方がここでも大事なんですよね。

「原爆解」や「ホロコースト解」にあたるような事業をやってる人だって、そうしたくてそうやってるわけじゃないんですよね。

本当は、どちらの立場の人の根源的な喜びも同時に満たすような、そういう「これこそ！」っていうような事業をやりたいと誰だって思ってるんですよ。

自分がやっていることを、「逆側の立場の人たち」からヒドい批判をされてしまうような立場に居続けたい人なんて誰もいないですからね。

しかし、「合意形成カーブがM字に分断」されていると、結局「原爆解かホロコースト解」の位置に入っていくことでしか、ある程度以上の規模感を持つ事業は起こせないんですよ。

だから、誰が悪いわけでもないんですよね。

むしろ、彼らだって本当は「ど真ん中」を目指しているんですよ。

だからこそ、「今の経済」に乗りきれない思いを持っている人がいたとしても、「今の経済全体」を否定してしまうような方向へ突っ走ってしまっては決して前に進めないんですよね。

そういうエネルギーを全部吸収して、この「経済の内側」から、「合意形成カーブをM字から凸型に転換」することが必要なのです。

ところで、「原爆解」と「ホロコースト解」にあたる事業に対して、あんまり具体的な例を出すと失礼かなあ……的な遠慮もあって、ここまでの話では触れていなかったのですが、やはり言ってしまうことにします（**彼らの中にも、「ど真ん中の真実を目指す意志」は確かにあることを、この俺はちゃあんと知ってるぜ‼……という気持ちを込めて**）。

日本社会における「原爆解」の代表格は「携帯電話のブラウザ・アプリゲーム」、そして「ホロコースト解」の代表格はAKB48をはじめとする握手券などのバンドルでCDを売りまくるアイドルグループなんですね。

私はこの両者にはどうしても乗り切れない思いを持っているし、そういう気持ちを持っておられる人も多くいると思います。

しかし、同時に、「これらをやっている人たち」の真剣さや、そこにある熱意がホンモノであるってことも、深く理解できるんですよね。

携帯ブラウザ・アプリゲームのその先へ

横浜の野球チームのオーナーにもなった株式会社DeNAの創業者、南場智子さんの自伝『不格好経営――チームDeNAの挑戦』(日本経済新聞出版社)を最近読んで、私は凄く感動してしまいました。

特に最初のウェブサービスがアップされた時のチームの写真とそこでの南場さんの決意のシーンなどは、思わずもらい泣きしてしまったほどです。

南場さんはマッキンゼーの先輩で、在職期間が重なっていないために個人的にお話ししたことはないんですが、マッキンゼーの同窓会でワイワイ騒いでおられるのを、ちょっと輪の外側からストーカーみたいにジットリ張り付いて遠まきに話を聴いていたりしたことはあります。

私は昔からかなりのファンなのでお話ししたい気持ちは山々だったんですけど、ちょっと彼我の世界観が違いすぎて、よくない出会い方で正直に話しだすとケンカになってしまったりしちゃいそうだったんで遠慮してたんですよね。

私の場合、マッキンゼーの先輩方とは常にそういう「心の底ではかなり共有できる熱いものがあるはずなのにタイミングと文脈がよほど噛み合った時じゃないと仲良くできない」的な苦労があるんですけど……この本が彼らのような世界観の方にとっても「自然に理解される」ものでありたいとは切実に、それはもう切実に思っているんですが。

ともあれ、その他にも学生時代にあるイベントで南場さんが講演していらっしゃるのを聞いたりしたことはあって、その時にも父親が物凄い暴君だったという話は伺っていたのですが、自伝を読むと想像以上で、「本当に文字通り〝ちゃぶ台返し〟をする」父親だったそうです。

毎日熱燗とともに完璧に用意された晩ご飯以外に、うどんやチャーハンが食べたいと父親が言えばすぐに用意するように常に準備していたが、ある時うどんを切らしていたのであちこち走り回ってやっと用意したら、怒声とともにうどんごとちゃぶ台をガーンとひっくり返されたとか。母親を含めて女性はすべて小間使いやお手伝いさんのような扱いで、あらゆることを父親が決め、それに逆らうことは決して許されないというような環境で育ったらしい。

そのこと自体の是非はともかくとして（というか明らかに良くないことだと思いますけど）、そういう生い立ちの女性に共通する精神として、南場さんには「世の中で通り一遍の普通とされていること」とかに対する「適切なてやんでぇ精神」みたいなものが横溢しているなあと、彼女の活躍について聞く度に私は思ってしまいます。

常に「単純明快すぎるロジック」を運用しつつ「その向こう側にある現実」にも思いをはせる力がある人だなと。

これもほうぼうで語っておられるので有名な話なんですが、ＤｅＮＡには、普通の伝統的な日本の会社では埋もれてしまうような天才的な技術者（ただし人付き合いは超苦手）みたいな人を引き上げよう、そして彼らに思う存分力を発揮してもらおう……という仕組みなり配慮なりが物凄く充実してるんですね。

もともとネットオークションについての統計的評価サイトを個人でやっていたところを一本釣りして入社させ、モバイル向けに新しいオークションサイトを作るときに彼に一手に任せきったところ、たった1人でわずか3ヵ月で物凄いクオリティのシステムを完成させたそうです。

口下手だから大勢の中で話していると良さが引き出せないので、できるだけ一対一の環境を用意して意見を聞くようにしているとか、彼は開発に集中しはじめると固形物を噛むと集中が乱れるからとか言って「午後の紅茶」だけを飲みながら仕事をするらしいんですが、社長自ら「午後の紅茶」を差し入れに行ったとかいうお話で。

これは、ＤｅＮＡに限らず、グリーでもニコニコ動画のドワンゴでもそうなのですが、「普通の伝統的な日本の会社なら潰されてしまうような〝変人の天才〟」に対して、彼らに徹底的な配慮をして大活躍させている……という逸話が、日本の新興ＩＴ企業で調子の良いところではどこでもといっていいぐらいにあるんですね。

つまり、「働き手の側」で見てみれば、そこには「古い時代の惰性による無理解さや閉塞感」を打ち破るような、「真実の輝き」があるんだってことなんですよ。

しかし、私はあまりに南場さんの自伝に感動して、妻にも読んでもらったんですけど、

「私も凄いなと思ったけど、なんでそんな素晴らしい会社から出てくるのはあのパブロフの犬みたいな携帯ゲームなの？」

みたいな超素朴かつ超辛辣なことを言われてしまって、「いやほんとそうだよなーそこが今の日本のツラいとこだよなー」と思ってしまいました。

結局、それもこれも「社会の合意形成カーブがＭ字に分断化」してしまっているからなんですよね。

広い範囲の合意を取り付けて、ある程度以上の大きさの経済規模を実現するには、「理屈側」から攻めていくなら「原爆解」のところに吸い寄せられてしまうしかないんですよ。

つまり、いわゆる「アスペルガー的」な、コミュニケーションは苦手だけど、数理的・情報技術的にパッキリ疑いなく定義できるような才能は引き上げることが可能になるし、サービスのあ

りとあらゆる細部の仕様にいたるまでユーザーのアクセス履歴を統計的に分析して理屈だけで押し切ってしまうことで、とにかく「数字」を積み上げていくことにメンバー全員を強力に動機づけて行くような経営は可能になるんですよ。

しかし、そういうシステムが強固に作動すればするほど、その成果物が「パブロフの犬実験」みたいなテイストになってくるんですよね。

「このタイミングでこのボタン押したらX秒後にドッカーンってなるようにすりゃ簡単にアクセスがY%上がるよ」みたいな統計的数字の積み重ねだけで全てが組み上げられたような世界になってしまって、「総体としてどういうメッセージや世界観を伝えたいのか」みたいなインタンジブルな(無形な)理想を組み上げようというような要素は徹底的に排除されてしまうんですよ。

つまり、「作家性」というような言葉で表される要素が壊滅的に排除された商品になってしまうんですね。

もちろん、そういう商品があったっていいし、そういう商品を売りたいんだというプレイヤーの経済的自由は尊重されるべきなんです。

しかし問題は、そういう「パブロフの犬型商品」が、「それ以外の商品」を駆逐してしまうほどまでに大きなシェアを得てしまうことなんですよね。

そうなってしまうと、社会の中で「みんなの無形の思い」を引き受けて統一的な世界観の中に落としこんで共有するというような「作家性」を持った商品が、広い範囲の注目をほとんど得ることができなくなって、社会の中における「経済」がどんどん「生身の人間の生活」から「他人ごと」化していってしまうんですよ。

「陰樹の希望」を練り上げるPQ的大道楽

そういう現象は今の社会のあちこちにあるので、それをなんとかしたい……というのは私の積年の願いなわけです。

前著『21世紀の薩長同盟を結べ』では、人の手が一切入っていない山奥の原生林に存在するような「圧倒的な生命の多様性と豊かさ」を、現実の経済の中に具現化する試みとして、「陰樹の希望としてのPQ的大道楽」というコンセプトを紹介しています。

自然界には、光があたる場所で猛烈なスピードで伸びていく「陽樹」と、その陰に隠れた少ない光の中でジックリ時間をかけて成長し、いずれは陽樹よりも圧倒的な大きさになって入れ替わっていく「陰樹」があります。

そして、「陽樹」が育っていった陰で時間をかけて育った「陰樹」が巨大なドームを作り上げることで、その下に豊かな湿度を保った落ち葉の層ができ、そこで豊かな微生物たちの活動があり、そこにシダやコケが繁茂し……といった多様な生態系が生まれていくわけですよね。

DeNA的な方向性での企業文化が社会の中に横溢しすぎると、図1-4で描いたように「グローバリズムの粗い網目」に幸福にもちゃんと乗っかれる人だけが無限大のパワーを与えられて大活躍する反面、「その網目に乗らないリアリティ」は徹底的に抑圧されてしまう結果になるんですよね。

しかしここまで本書でも述べてきたように、「だからといって網全体を拒否」したりすることは人類にはできないわけです。だからこそ、今は不自由すぎるこの「グローバリズムという網目」を、もっと高度に高精細に運用できるようになっていく必要がある。図1–5で描いたようにです。

そこで活路となるのが、「ＰＱ的大道楽」なんですよ。

ＰＱというのは、ＩＱとかＥＱとかの話の延長として私が定義した概念で、〝Ｐ〟には「フィジカル（身体的・物理的な）」「パーソナル（個々人の内面の奥底から来るような）」「フィロソフィシャル（哲学・思想的な大きな広がりまで巻き込めるような）」という「３つのＰ」を含意しています。

（私がこれを言い始めるのと同時期に、スタンフォード大学の研究チームがぜんぜん違う概念として〝ＰＱ〟という概念を提唱していたのですが、２００５年より「ＨＱ」に改称されたそうで、おかげさまで大手を振ってＰＱという概念を使えるようになりました）

ＰＱとは、「デジタルな知性」だけでも「アナログなココロ」だけでも割り切れないような問題に対して、「３つのＰ（フィジカル・パーソナル・フィロソフィシャル）」の力を動員してジックリ考え、最終的に「オリジナルで一貫した行動の旗印」を作り上げる、全人的な知的能力である

と私は定義しています。

ＩＱという概念に象徴される「デジタルな概念処理能力」が取りこぼしがちな世界をぜんぶ「ココロ」の問題にしてしまうと、知性派の人たちはずっとココロ派をバカにし続けるし、ココロ派の人たちは知性派に対する恨みをエンエン貯めこみ続けるしで、どこにも出口がありません。

だからこそ、「そこにある矛盾」を、自分のカラダと、自分の個人の内奥にあるものと、自分自身が生身で勝ち取ってきた思想と哲学によって「統合」するようなプロセスがぜひとも必要になってくるんですね。

日本経済が物凄く調子良かった時代の、「物凄くクリエイティブな仕事」は、かなり「ヤミ研」から出ていることが多いんですね。

「ヤミ研」というのは、会社の公的な方針とは全然違うところで、現場の独断で勝手に「秘密のやりたい研究」をやっていた結果、ある時期に「実はこんなものができたんですが……」という形で会社側に採用され、「会社として公式の新商品」として世に出ていくことになるようなプロセスのことです。

「会社としての公的なシステム」というのは、やはりある程度は杓子定規な部分もないとグチャグチャになってしまうので、「とりあえずはこういう方針で行く」という共通了解は必要です。

しかし、そういう「陽樹的な仕組み」では取りこぼしてしまうものを、「生身の人間」の側から引き上げるような流れが同時に行われないと、どれだけその働き手が熱意と知性を総動員して頑張ったとしても、全体として実現していく経済が、スカスカでパサパサの形だけのものになってしまうんですよね。

だからといって、「じゃあもう資本主義経済全部止めにしたい」っていう感じの方向に突っ走ったって現実には無理だったりするという袋小路に人類は追い込まれてしまっている。

そこで、「普通に働きながら、それとは別個の自分個人の思いの具現化」として、「自分個人のヤミ研」をやっていこう……それによって、「公的に実現している経済」が取りこぼしてしまいがちな、「フィジカル・パーソナル・フィロソフィシャルな領域」を「補完していく」ようなことをやっていこうじゃないか……というのが「PQ的大道楽」です。

詳しくは前著『21世紀の薩長同盟を結べ』を読んでいただきたいのですが、そこには私のところの会員さんたちが、時間をかけて「自分だけの事業」を培っていって、ある時期からヒョッコリ土の上に顔をだし、少しずつ営業をかけて事業として大きくしていった事例をいくつも紹介しています。それを読んで「俺も！　私も！」と思われた方はぜひ私のホームページからご入会ください。

で、こういう「時間のかかる思いの集積」みたいなものは、物凄いデリケートなんですよね。ちょっとした無理解で踏みつぶされてしまう。かといって、ある程度の「現実社会」の圧力が加わっていないとちゃんと一歩ずつ実現プロセスを踏んでいくことができない。

「薩長同盟本」で紹介した事例たちのうちの一つに、Mさんという技術系の50代のオジサンが時間をかけて「誰もが最初は無理と言った技術系の新事業」を立ち上げていった話があります。

最初に彼に「自分にもできる」と思ってもらうのに1年、そこから新規事業のコンセプトがまとまり、具体化して営業をかけて初受注にいたるまでさらに2年、そこから順調に受注が積み重なってもう4年……とにかく物凄く気の長い時間がかかっているんですね。

最初はまず自分の会社の親会社に提案して断られ、その会社の数ヵ所の部署に提案してまた断られ、今度は自社内の技術開発テーマとして提案して断られ、今度は関係ありそうないくつかの公益法人に提案して断られ、しかしそこで紹介されたある大手企業の担当者に連絡をすると興味を持ってもらえ、そこから1年ぐらいの準備をさらに積み重ねてやっと初受注にこぎつけたりしているんですよ。

そういう「陰樹的なスピード感」がないと実現していかないようなタイプの事業というのもあるんですよね。「なんとなくこっち」「もうちょっとこっち」「いやでもなあ……なんか違うなあ……」の濃密な蓄積がないと出来上がってこない事業というのが。

そういう時期の蓄積がないと、本当に「数値化できる反応」だけを過剰に追い求めてしまい、第1章の言葉で言うなら「理屈疲れしてしまうような一貫性」が「自然な芋づる式の展開」を駆逐していってしまうんですよ。

でもね、ほんと、何度も繰り返して言うんですけど、「誰が悪いわけでもない」んですよ。

ここで、20世紀的リベラルの発想で、「駆逐していってる側が悪い」って言い出したら絶対何も解決しない世界になるんです。結局すべてはお互いさまなんですよね。

繰り返して言うけど、とにかく誰が悪いわけでもないんだよ！

というのも、最近私Mさんと連絡取れなくなってるんですよ。なんで？　いや、私もわからないんですけど。

実は、「薩長同盟本」が出てから、新しい会員さんを再度募集するようになって、それ専用の新しい会員用サイトも立ち上げたんですけど、尋常ならざるレベルで人見知りなMさんは、そこにいくら誘っても参加されなかったんですよね。

で、私が何度メールしても返ってこなくなってしまって、「ああ、もうこの関係は途切れてしまったのかもしれないな」と覚悟したぐらいなんですけど。

でも、その「新規事業」の受注がさらに一個積み重なるたびに、物凄く詳細な報告メールだけは送ってくれるんです。で、それに対して私が返信しても、また返事が返ってこなくなるんですよ！

ここで注意して欲しいことは、

そういうレベルで「人見知り」な彼も、自分が自分のペースで考えを積み重ねて、「これはこの世の中で実現されていく価値があることだ」と「彼自身の内的納得」を確実に得られた時には、あちこちに自分から連絡を取りまくって、断られまくっても全然めげずに実現に邁進する行動力を発揮することができる

ってことなんですよね。

そういう存在は、日本の伝統的な大企業のナアナアさの陰に隠れる形で「根を張って生きておられる」んですよ。

伝統的な日本の企業では、とりあえず「アイツ変なヤツやなあ」とか思われながらも適当に放っておかれていて、その中でマイペースに仕事をこなしながらアレコレ考えていた存在がイザという時に突然提示してくるような提案に対して、「アイツ変なヤツやけどたまに凄いこと言いよるでぇ」的な配慮があってちゃんと引き上げてあげられるような仕組みが機能していたんですよね。

「霞が関の官僚」だとか「女性を締め出す日本のオヤジ社会の仲間意識」だとか「株主資本主義に対する根強い反感」とかいった日本におけるあらゆる「いわゆる抵抗勢力さん」たちの存在意義は、Mさんみたいなタイプがちゃんと自分の価値を問題なく発揮できる土壌を維持するために、まだ「淘汰されず」にいるんですよね。

ただ、最近はどんどんそういう「土壌」が崩壊してきてますからね。Mさんの世代ならまだいいんですけど、下の世代だと、「昔は真実を引き上げるための揺り籠として機能していた共同体」が、「ただあらゆる人達を抑圧して縮こまらせる仕組み」にしかならなくなってしまっています。

だからこそ、Mさんをいくら焚きつけて新しい事業の種までたどり着かせても、そこから先ちゃんと大きくしていくには、「昔の共同体」ではなくて、「グローバル資本主義の成果」とちゃんと接続していかないといけないんですよ。

つまり、

「南場智子さんが到達した領域」から、あとラストワンマイル（最後の一歩）を掘り抜いて「Mさん」のところまでトンネルを掘り抜く

ことが必要なんですよね。

Mさんのようなタイプにウルウルと感情移入する一方でグローバリズム的なものを断罪してい

るだけでは、決して世の中全体には広がらないんですよ。「Mさん」の位置から、「一番遠い存在」であるかに思われている「南場智子さん」の位置まで、アメフトの何十ヤードタッチダウンパスみたいなのをガンガン繋いでいかなくてはならないんですよね。

日本の官僚支配を脱却しようとか、女性の社会進出をもっと促進しようとか、日本企業の資本主義的ガバナンスがちゃんと機能するようにしようとか、そういう改革は、結局「その改革を押し出す」だけでは決して進まないんですね。

結局現状は日本を「現状維持の閉塞感」の中に押しこむ結果になっているとしても、その「いわゆる抵抗勢力さんたち」がいるお陰で、Mさんのような人が着々と足元で自分なりの「真実の追求」を行っている土壌になっているわけですから。

でも、「南場智子さんの領域」から「Mさん」の位置までのラストワンマイルを掘り抜くことさえできれば、もう一切容赦なく、日本の中に巣食っている「バカ殿様」どもを徹底的に弾圧ッ！　抹殺ッ！　完全に淘汰ッ！↓「燃えるゴミは月・水・金」てな具合にできて、いやースッキリしたなあ、断捨離っていいよねー！　ココロが晴れやかになるし、運気もめぐってくるよねー、今日もお江戸は日本晴れッ！　……となれるわけです。

今の世の中では、ただ「日本には日本古来の伝統があるんじゃい」的な方向で、なにやら中国の古典やら何やらを持ち出してきて自分だけ偉そばるのが仕事……みたいな人よりもよっぽど、「現状は資本主義最前線で生身の人間を弾圧しまくっているように見える人たち」のトップランナーたちの中にこそ、「本当はもっとこの先があるはずなのに」という焦りや切実な願い……のようなものが存在していたりするんですよね。

だから、「改革派」と「保守派」みたいな分類で「逆側」を非難するような言論をやっていても決して解決しないんですよ。

「資本主義最前線のプレイヤー」が「本当はこの先に行きたいのにどうしても行けてない」という状況になっている現実を、一歩ずつ転換していかなくてはいけないわけですからね。

だからこそ、結局「場の合意形成カーブ」を「M字から凸型」へ、動かしていくしかないんです。20世紀的な罵り合いでは何の価値もないどころか、むしろ真実の解決から全速力で遠ざからせてしまうんですよね。

消費者は王様……でいいのか？

で、南場智子さんとMさんとの間の距離は何なのか？　っていうことは、要するに自分がやっていることに対して「これは社会で共有する価値があるだろうか？」的な自省をするかどうか……っていうことなんですよね。

南場さんの自伝を読んでいると、そもそもどうやってそれを実現するのかも一切わかってない状態から、「売上高16億円の時代に、毎年倍々に成長して3年後には120億円を目指す！」などとブチ上げておられて、「急成長ベンチャーってのは言うことが違うな！」と驚愕しました。

一方でMさんの方は、「自分がコレをやりたい」というだけでは他人にそれを説得する資格がないという志向が物凄く強固にあるんですよね。それが社会で共有された時に、今ある社会とくらべて、「みんなの幸福」みたいなのはちゃんと増えたといえるのだろうか？　これはただの自分だけの自己顕示欲的なエゴではないだろうか？　みたいなことを、他人から見ると過剰すぎるほど考えている。

そして「そういうタイプじゃないとたどり着けない種類の成果」っていうのは確実にあるんですよね。なぜなら、そういう「過剰な自制心」があるタイプでないと、それだけのスクラップアンドビルド（構想しては壊し、構想しては壊しと吟味を積み重ねること）をやり続ける前に「成功してしまう」からです。

で、これは片方だけをそれぞれ別の場所で暴走させてても、社会のために全然ならないんですよね。


「法律を犯さない領域で、売れて数字が出るんならそれが人類の幸せが増えたってことなんだよ」

という見解は、まあそういう風に心から信じこんで突っ込んでいってくれる人たちがある程度の経済規模を保ってくれていないと現代社会は崩壊してしまうという事情はありつつも、やはりそれだけで突っ走ることは良くないと生理的に思われる人も多いでしょう。そもそもそういう経済はある程度まで行ったところで必ずバブルになって弾けてしまい、単純な経済パフォーマンスだけを見ても悲惨な状況に追い込まれてしまいますし、そういう無理をバランスするためにユダヤ陰謀論だったり共産主義だったりとかいった非現実的な理想に命を賭けていってしまう人たちの不幸も生まれてしまうしで、やはりちょっと問題があると言っていいと思います。

この問題は同時に、

「本当に消費者の方を向いている」とはどういうことか？

っていう言い方もできるんですよね。

とりあえずパブロフの犬的な統計的研鑽を積み上げたら、明日の売上げ上がるんだからやっちまおうぜ!! だけで突っ走ると、だんだん「刺激に飽きたらさらに大きな刺激を！」てな方向でエスカレートせざるを得なくなりますし、やってるうちにだんだん「一部の消費者の作られたから騒ぎ」と「シラケてしまった普通の人たち」とが分離してきてしまうわけなんですけどね。

これはある意味「業界の方を向いて仕事をしてる」とも言えるんですよね。「こういう風にやってりゃ短期的には数字作れるぜ」って仕事に熱中してるってことですから。そして、本当の意味で「消費者」の方を向いているのか？　というと、「そうじゃないよね」という価値観の人も多いでしょう。

でもね、「消費者の本当のニーズ」を掘り起こすことに人類の全てのエネルギーを集中させていくようなグローバル資本主義のパワーってのはダテじゃないですからね。「もっと先まで掘り抜こう、掘り抜かねば！」っていうエネルギーは溢れんばかりに世に満ちているんですよ。

特に、第2章で書いたような「思想・哲学業界からのドミノ倒しの流れ」がちゃんと世に満ちてくれれば、「合意形成カーブが凸型化」してきますから、そこでちょっとずつでも「ど真ん中」の共有軸が立ち上がってくれれば、今までの日本の失われた20年と、人類何千年の不幸の積み重ねがなんだったんだ!!　ってぐらいにガンガン加速度的にすべてが解決していくんですよ。

その時になれば、あとはただ単純にみんなが「できるだけ多くのお金を得られるようにしよう」と思って動くだけでよくなる世界になるわけです。

その扉をあけられる力を、人類全体から今「信託」されているのが我々日本人なんですよ。頑張っていっちょやったろーぜ、なあみんな？

ＡＫＢのその先へ

そういうスパイラル（相乗効果的にどんどん良くなっていく流れのこと）に入っていくための

プロセスを全体として書いたのが、図3―1です。

第2章で書いたような「思想・哲学業界」が「あたらしいリベラル」を提示していくことが、「新聞などの旧来メディア」の、「物事を把握するための論調」を大きく変えていく。その結果として政府の経済政策も変わる。そして「時代の空気」が変わることで、そこで自由市場の中で実現していく商品のパターンも変わっていく。そしてその実例をまた「思想・哲学」が批評的に取り入れることでまた「あたらしいリベラル」の方向性が先鋭化し、確実なものとして共有される……という形でさらに日本は「21世紀の人類の唯一最高の理想像」としての道をチャクチャクと歩んで行くことができるわけですね。

しかし、図3―1の矢印の右側や、タイト

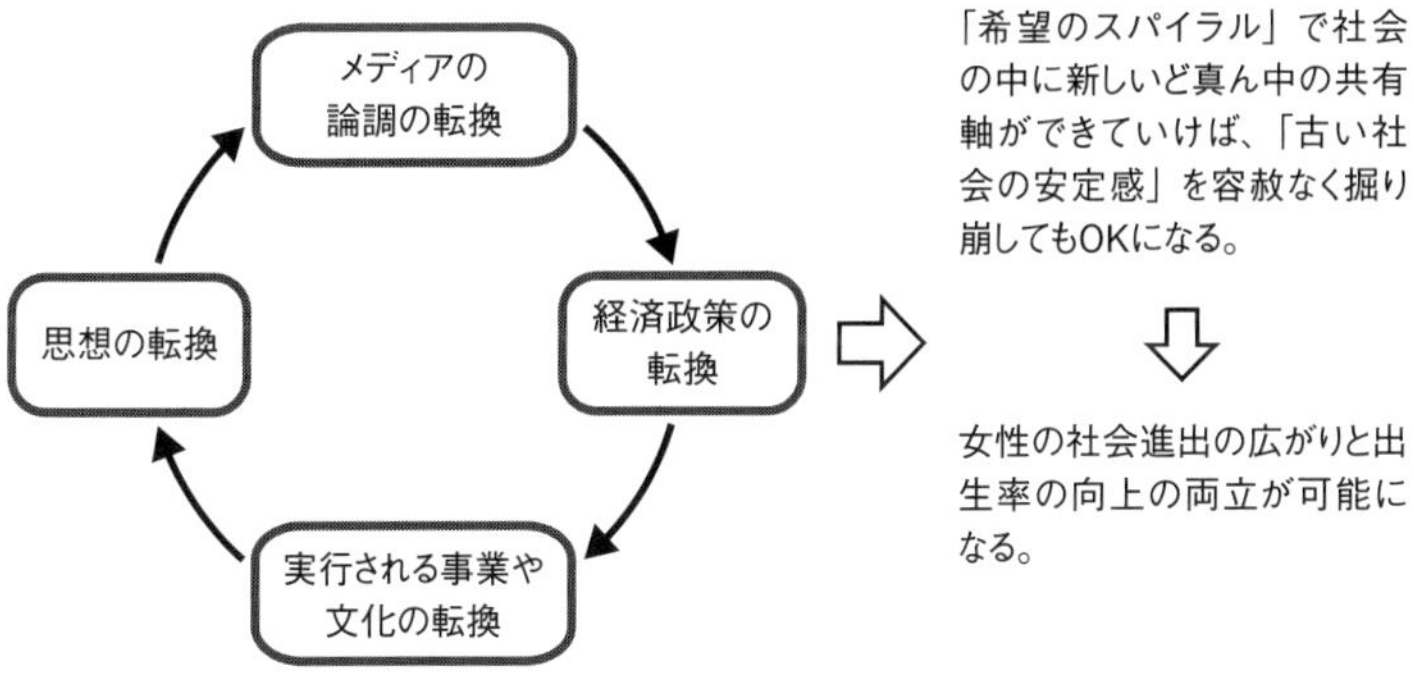
メディアの
論調の転換
経済政策の
転換
実行される事業や
文化の転換
思想の転換
「希望のスパイラル」で社会の中に新しいど真ん中の共有軸ができていけば、「古い社会の安定感」を容赦なく掘り崩してもOKになる。
女性の社会進出の広がりと出生率の向上の両立が可能になる。

図3-1　21世紀日本の希望のスパイラルと、女性の社会進出・出生率との関係

ル部分に書いてある「出生率がどうこう」とかいう話はなんなんだ？　というのは、これからお話しします。

その前に、「M字に分断した世界」の「原爆解」の代表格が「DeNA的携帯ブラウザ・アプリゲーム」だったとすると、「ホロコースト解」の代表であった新時代の最強アイドルグループ、AKB48の話をしたいと思います。

私は「アイドル」って存在の楽しみ方があんまりわからないタチで、AKBの大ブームにもあんまり乗り切れない気分で過ごし、メンバーの名前も数人しかわからないし、通算14作ミリオンヒットとかいうラインナップもそのうちの数曲のサビしか知らないって感じなんですけど、最近たまたまテレビで見た「恋するフォーチュン・クッキー」って良い曲だなあ……と思って、ユーチューブで色んなダンス動画を見たりして、「唯一サビ以外もわかる曲」になりました。

世界中のオタクさんや、AKB関係のスタッフさんたちや、なぜかファッションブランド「サマンサタバサ」の社員や社長や店員さんたちがみんなで踊っている動画を見てると、彼らの「〝みんな〟を引き受けるぞ！という覚悟」は凄いなあ……と頭が下がります。

コードをネットで調べてピアノで弾いてたりしたら妻に「よりによってAKBの曲なんか弾かないでよ」って怒られてしまったんですが、後半、間奏の最後のあたり、こっからラストに向けてミスチル的に転調して盛り上げるぞ盛り上げるぞぉーーーと見せかけてやっぱり転調しなぁーいカモンカモンカモンカモンベイビー、占ってよ……以降とか、なんか、

「平熱のこの平和さの中に〝みんなの生身の人生〟を全部引き受けるぞ！」という揺るぎない使命感と覚悟

を感じて、

「ここまで〝みんな〟を引き受ける揺るぎない決意があるのはディズニーかＡＫＢかってぐらいだな」と思わせる何かがある

と思います。

でもね、やっぱね、言いにくいことですけど、やっぱね、ちょっとね、やっぱね、どうかなーと思ってる人多いと思うんですよね。

美空ひばり世代だったら、もっと「最初の一声聞いただけでズッシーンと来るような、国歌斉唱で出てきてくれたら聞き手の全身に誇らしさの震えが走るような歌唱力ある人が一番売れててくれないと」と思うだろうし、私のような90年代Ｊポップ全盛期に育った人間であれば、最初期の椎名林檎さんやら全盛期の小沢健二さんやらジュディ・アンド・マリーやらザ・イエローモンキーやらの（まあ人それぞれ色んな趣味があるんで挙げたい名前のラインナップはそれぞれでしょうけど）物凄い「アーティスト的にギンギンに尖らせたような方向性」と「〝みんなで共有〟できる大きなムーブメント性」が幸福にもピッタリ一致していた時代を懐かしむ気持ちがあると思います。

でもね、これも結局、誰が悪いわけでもないんですよね。「合意形成カーブ」がM字に分断しているということは……（以下略）なんですよ。

その中でも、崩壊寸前の日本社会の共同体の密度感を、ギリギリの土俵際で支え続けてくれているAKBの「功績」は、彼らに乗りきれない気持ちを持っている人でも、認めざるを得ない、認めないと「その先」には行けない時代なんですよね。

その一方で、物凄く「アーティスティックな先鋭性」を持ったアーティストがいないわけじゃないんですよね。いつの時代にも生まれてきているし、今だっているんですよ、確実に。

でも、彼らが物凄く「玄人好み」な領域に押し込められてしまうんですよね。合意形成カーブが……（以下略）してるとね。

物凄く過剰にフラジャイルでイノセントでナイーブすぎる方向に特化していったり、「オラァお前ら行くぞォ！」的な男クサいライブハウス特化型バンドだったり、物凄くアメリカンな世界観の中でのガチガチの縦ノリロックに特化したり……みたいなのはそれぞれ単体で生き残っていて、それぞれ「この人たちスゲーいいな。俺が今高校生だったら熱狂してるだろうな」っていうのが結構あるんですけど、それぞれの「小さな世界」と「みんな」がどんどん分断されていってしまっているんで、「先鋭性が欲しければマニアックな方向に行くしかなく、結果として〝みんな〟はわかってくれねえだろうけどよぉ的な窮屈さの中で生きていかざるを得ない」みたいになってしまっている。

こういうのは、結局誰のためにもなっていないけど、でも誰が悪いわけでもないんですよね。

でも、「その先へ行きたい」という思いは、だんだん積み重なってきてるじゃないですか。だんだん、「M字カーブ」の「原爆解とホロコースト解」しか広く共有されない経済に対するフラストレーションは高まってきている。

そのフラストレーションが臨界点にまで高まって暴発寸前になってくれば、どこかで「核反応」みたいなのを起こし始めるはずなんですよ。

そろそろ「ど真ん中」のモン、なんか出てきてくれねぇかなー、とみんなが潜在的には切実に思うようになってくる。

そうなってきた状況の中で、図3-1で描いたような「希望のスパイラル」を一歩一歩回転させていくことができれば、そしてその結果合意形成カーブが「凸型」に変わってくれば、日本社会はありとあらゆる面で劇的な転換を迎えることができるわけです。

そうすれば、また「時代の奥底にある必然を確実に捉えたアーティスティックな先鋭性」が「みんなで同じフレーズを歌えるような幸せ」とバッチリ両立する世界がまたやってきますよ。

そして、今まで何度も言ってきたように、**「日本の今度のど真ん中」は、「日本だけのモノ好きでよくわからない方向性」じゃなくて「どこにも出口がない閉塞感に苦しむ世界」にとって「唯一にして最高の希望」として受け取られる可能性がある道**なのです。

そこまで行ければ、我々は、

我々の最高の得意技である「内輪で内輪の論理をどこまでも発揮して細部の細部の細部まで詰め切ってしまうパワー」を発揮していった時の成果物が、世界の他の国の人たちにとって「凄い？　かもしれんけどわけわからん」などとキョトンとされてしまうことなく、「ああ、日本人が今までわけわからんところにコダワッてグジグジやってたのは、こういう〝みんなのほんとうのさいわい〟を目指していたからだったのか！」と受け取ってもらえる世界

に行けるわけです。

そしたら、経済の不調なんて「あれ、なんだっけそれ？　そんなのがあった時代もあったねえ……（遠い目）」ってぐらいに吹き飛びますよ。

そこまで行くんだよ、行こうぜみんな！

「項羽と劉邦」リローデッド

ここで再び本書冒頭でお話しした図0−3に戻りましょう。再掲しますんでジックリ見てください。

「はじめに」で、項羽と劉邦の話をして、21世紀のゲームのルールは、最初期の10年において「日本に最も不利なように見える」けれども、本質が徐々に明らかになるにつれて「あれ？　このルールって俺ら日本人のために特別に有利にできてるんじゃねーの？　いやあ悪いねえ？　ごめんなさいねえ？　まあ、だからといって遠慮したりしないでガンガンに繁栄を謳歌させてもらいますけどねーごめんなさいねえー」となってくるんだ……という話をした時には、「は？　何言ってんのこの人？」と思われたであろうマトモな思考力

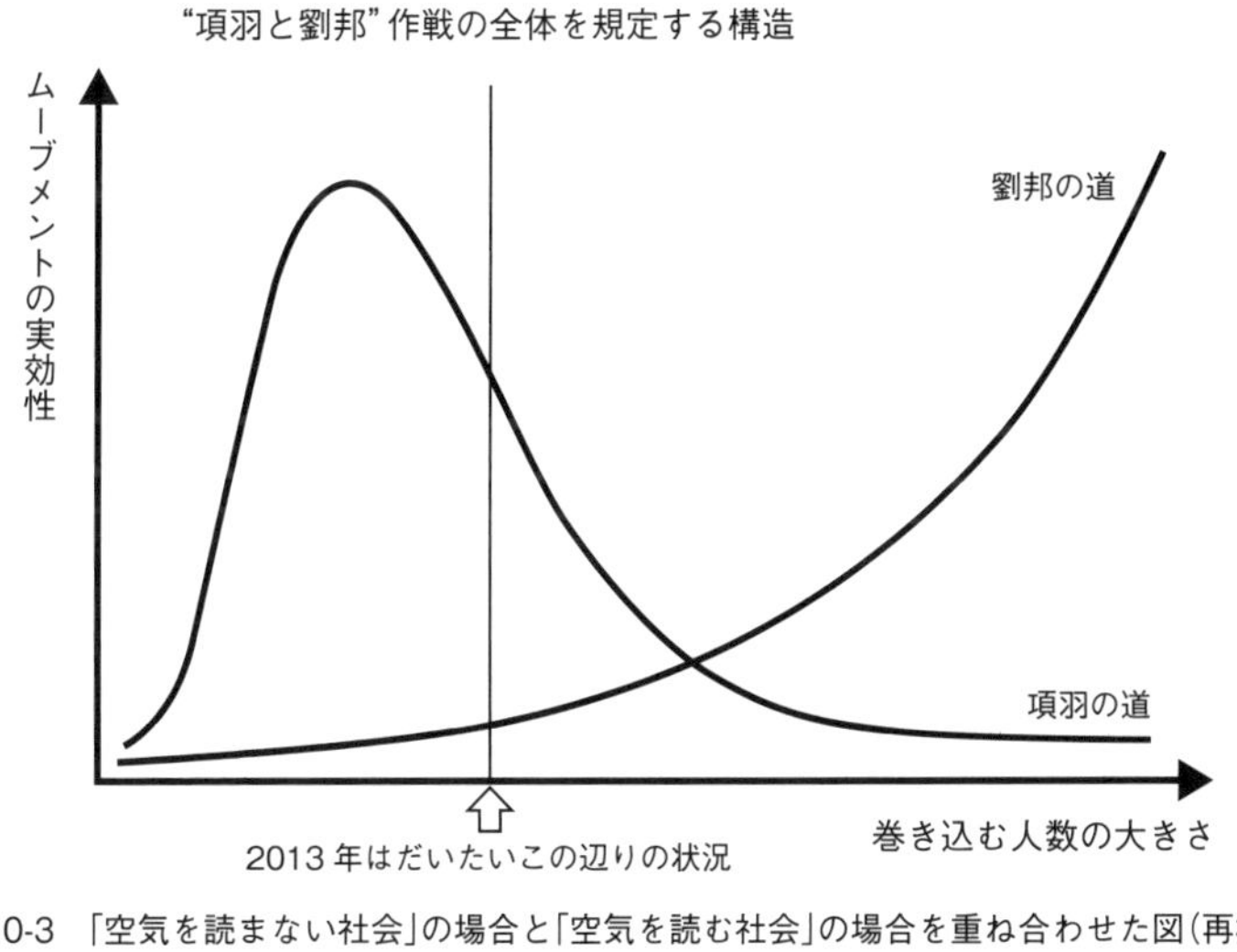

図0-3　「空気を読まない社会」の場合と「空気を読む社会」の場合を重ね合わせた図（再掲）

のあるアナタも、私の真意をご理解いただけてきたでしょうか？

「空気を読まない国」では、ある範囲までは「個人の力の徹底的な延長」をすることによって、「凸型の合意形成カーブ」を維持することができるわけです。日本においてもカリスマ経営者が一代で作り上げた会社では、ちゃんと「理屈と現場のバランス」がギリギリ保たれる「特注品の工夫が生きている」というようなことが、社会の中で無数に起こせている。

しかし、ひとつの国の中でそれ「だけ」を続けていると、「巨大なベンチャー企業一社の中」では「合意形成カーブが凸型」になるんですけど、社会全体で見た時に、「みんな」のことを考えてそれらをインテグレート（統合）して統一的な方向性を生み出そうとするような志向が淘汰されていってしまうんですよね。

その結果が、昨今のアメリカ議会の大分裂と機能不全というわけです。国全体で見ても「ごく少数の富めるもの」と「それ以外」とのギャップがあまりにも広がりすぎて、「ど真ん中の全くあたらしい道を」とかいう悠長な話を「みんなで共有」することが非常に難しくなってしまっています。

そこで我らが「空気を読みまくる国」の面目躍如というわけですよ。

この20年間、お互い空気を読みすぎて内輪で潰し合いをし続けてきた価値がここにある。ふっふっふ、ひっかかったな欧米人どもめ、「死中に活を求める」という言葉の本当の意味を、これからお前たちの骨身にまで教えてやるぞ!!

個々人レベルの活動力を徹底的に抑圧し、堕ちる道を堕ちきった我々にしかできないことがあるんですよね。

「合意形成カーブが徹底的にM字に分断」してしまい、首相は毎年コロコロ変わって「あれ？今の首相だれだっけ？」状態になるし、握手券と引き換えにCDを一人に何十枚と買わせるアイドルがヒットチャートを独占しているし、「どういうソフトにしたらユーザーが心の底から面白いと思ってくれるゲームになるか」ではなく「どういうソフトにしたらユーザーが1円でも多く課金するか」について全エネルギーをかけて精査してるような会社だけがガンガン急成長しているし……というような状況自体が、

「なんか嫌だなあ」

というエネルギーがここまで溜まり、まるでもうすぐこの世の終わりが来るかのような閉塞感の中でみんなが生きているこの窮屈さこそが、

「その先へ行かねば！」

という切実なエネルギーの源となるのです（でもその後の新しい時代に「凸型の最先端」を

突っ走るのは、ひょっとするとＡＫＢやＤｅＮＡであるかもしれないんですよ！）。

過去20年、それなりに「マトモ」な運営ができてた国には、そんなエネルギーはたまっていません。

彼らはまだ「20世紀的リベラル」を全否定して「あたらしいリベラル」を始められるほどの「苦労」を積み重ねてないですから、まだ当分「容赦なさすぎる金融屋さんの大活躍」と「ウォールストリートを占拠せよデモ」の二者択一……みたいな「どこにも希望がない20世紀的世界観」を超越することはできないでしょう。

彼らはこれから、「課題先進国ニッポン」の後追いで、「合意形成カーブがM字に分断してニッチもサッチも行かなくなってしまう苦しみ」を味わいはじめるわけですからね。デフレ経済が金融技術だけで解決するなんてことは……まあ専門家にはいろんな議論があるでしょうからとりあえずおくとしても、もしそんなことがあったとしてもそれは「本当のレッスン」を「一握りの知識人たちだけでなく普通のオジサンオバサンの日常的価値観のレベルで骨身にしみて学ぶ」という貴重な機会を失ってしまって余計に不幸ですらあるわけです。

これから、日本が図3－1（253頁）のようなスパイラルに入っていけば、図0－3（259頁）の「劉邦の道」を歩み始めることができますよ。

「劉邦の道」の強さの神髄は、この世界に「項羽の道」を歩んでくれる存在があり続ける限り、常に「後の先」的に相手を徹底的に受け入れながらその先へ進化していける柔軟性を備えているところにあるのです。

それでこそ「横綱相撲」といえるのでしたね？　そして、

「相手の長所の上に立脚した自分たちの長所」という「組合い方」

を本質的に内包しているので、

相手がどこまでも「相手の長所」を発揮すればするほど、それを補完的にバックアップするようなポジションに常にスルッスルッと入っていってしまう

ことができる。しかもそれを、

一部の知識人が上っ面の知性で無理やりその他大勢を動員していこうとするように「無理して頑張って必死に行う」のではなく、たくさんの人間の生身の生活に立脚した「集団的無意識」のようなレベルで水が低きに流れるように自然に実現してしまう

態勢に入っていく結果、

この繁栄は一度始まると、決して「項羽」タイプには追いつけない形にガンガンぐんぐん加速していくことができる

わけです。

図0-3（259頁）のグラフの右端に向けて力強く幾何級数的に跳ね上がり、「永遠に続く右肩上がり」になっていく軌跡を見よ！　このグラフが昇りゆく朝日よりも明るい輝きで我々がこれから向かうべき正しい道を照らしだしているのだッ!!　イニシエの文書に約束されたランド・オブ・ザ・ライジングサン（日出ずる処の国）とは我々のことぞッ！

そしてその永遠の繁栄のさなか、「アリとキリギリス」のアリさんのような「勝ち誇った余裕の笑み」で、「まあ、俺らも昔は結構苦労したからねぇー」などとシレッと「憎たらしい謙虚さのポーズ」を見せつけてやりましょう。

愛ゆえに！　愛ゆえに！……出生率との関係

さて、第3章の最後、そして本書の最後近くになってきましたが、図3-1（253頁）に出生率がどうたら言ってる謎の文章があったんですが、それについてお話ししましょう。

出生率が下がり続ける日本の未来は、なかなかその数字的事実だけ取ってみても結構暗雲がたちこめているように感じてしまいます。

どういう数字的なロジックなのかは忘れましたが、「人口ピラミッド的に既に生まれているはずの人口」と「現在実際に生まれている人口」を比較すると、「凄惨な大戦争が一回起きたぐらいの命が消えてしまっている」という言い方をしている学者さんをテレビで見たことがあります。

ところで、先進国になると出生率はガンガン下がって当然……という感覚は、フランスやアメリカのかなり高い出生率（年によって増減はあれど少なくとも2は超えている）を見ると否定されてしまうんですが、もう一つ気になる符合があるんですよね。

それは、第二次大戦で敗戦国になったドイツもイタリアも、物凄く出生率が低いことです。どの国も、この世界にある200近い国々の中で常に下からすぐに数えられる位置に常にいるんですよね。

これが偶然だ!!……とは私には決して思えないんですよ。単純な「文化の問題」でもないと思う。やっぱりね、戦争に負けたからだと思うんですよ。

何の根拠もないし、そもそもどういう調査をしたら客観的に位置づけられるのかもわからないんですけど、でも私は日本人の男として35年生きてきた結論として明確にそう思うんですよね。

要するに、人口ピラミッドが急激に若返ると、「その時代の国際的にオープンな流行」に一気に社会が引っ張られていくんですよね。で、アメリカやフランスは戦勝国として戦勝国の一貫性のもとに生きていますから、「その時代の国際的にオープンな流行」には「自分たちの自然な延長としての文化」が色濃く染みだしているんで、「必死になって何かを守る」必要がないんですよね。

もっと正直に言うと、

戦勝国では「その国の男社会」が内輪でガッチリ連帯して何かを守ってなくても社会が成立する

んですよ。

なんで、男同士がお互いを厳しく監視しあう必要がない結果、女性から見てアピールが感じられるように男どもが個別にガンガン動いても、社会が崩壊しないんですよね。

で、そういうことに関してね、いかにも日本の男はロマンチックさがなくてガサツでワガママで女性のことを性的欲求のハケ口としか見てない男根主義者のゲスどもなのに対して、それに比べてフランス人の男は情熱的でアーティスティックでロマンチックで気配りができてレディファーストで……みたいなことになってるのはね、ちょっとね、おいおい、待ってくれよ！　っていう世界なんですよ。

というのはね、「どれくらい女性へのアピール力を個々人の男に持つように動機づけしていくのか」っていうのは、「社会のその他の分野」に物凄い影響を与えているわけですよ。

そういうところで過剰なほどに「女性への後先考えない無責任なアピールをさせない」ような抑制力が働いていることによって、そして彼らの多くが二次元の世界のかわいい女の子たちに余ってしまった欲望を昇華させることで徹底的に自制していることによって、女性読者のあなたが夜道を歩いていても、諸外国に比べて襲われたりする可能性が低いという「社会の安定性」は実現されていたりするんですよ。

それはね、日本の男どもの、女性たちに対する必死のココロの奥底からの決死の「I LOVE YOU」なんですよ!!

そこをね、わかってあげていただきたい。いや、ほんとに。

あなたがたは、物凄く遠回りでわかりづらくて、たまに今の世界の普遍的価値観からするとあまりに前時代的なものに見えてしまう形で暴走してしまうような難しさをかかえている、でも切実で必死で全力の思いやりに満ちた日本男児の愛情を、普段全然わからない形で受けているんですよ。

いやね、彼らだってね、あなたたちとロマンチックに人生を共有して生きたいと思っているんですよ。ラブラブチュッチュ的にオープンにお互いの愛情を表明しあって幸せに生きていきたいと思っているんですよ。

でも、現状そうできない、自由を奪われた悲しきAsian Boysの切実さを、我々は一歩ずつ距離を詰めることで理解し合い、癒やしあい、そして「あたらしい時代の希望」を紡いでいくべきではあるまいか？　ねえ、そこのキレイなお姉さん、そうではあるまいか？

これもね、結局「合意形成カーブがM字に分断」されてしまっているからこその悲劇なんですよね。

フェミニストの方々が、男社会の中の「だから女はわかってねーよなあ、ケッ」的な内輪の連帯感が女性の進出を拒否している現象のことを「ホモソーシャル」という用語で非難されているそうなんですが、しかしね、我々男どもだってそんなホモソーシャルな抑圧関係なんてできることなら明日にでも蹴っ飛ばして捨て去ってしまいたいと思ってるんですよ！

誰も好き好んで鬱陶しいバカ殿様たちに「ですよねー」なんて言って貼り付けた愛想笑いと揉み手でペコペコお辞儀をしながら毎日毎日生きてるわけじゃないんですよ！

しかし、「合意形成カーブがM字に分断」している現状だと、「あらゆる旧社会の密度感」を根こそぎに消し去ってしまうと、今度は「グローバリズムの威を借る狐」どもだけがのさばって、誰も「みんなのほんとうのさいわい」に繋がるようなことができなくなってしまう困った世界になってしまうんですよね。

でね、ここでね、ここでですよ？

口では「フルオープンで透明性の高いグローバリズム的な流れ」的なモノってステキだわー！　って言ってる女の人が、それとは物凄い対極的な横暴を振るいまくる男に何の因果かトキメキを覚えて場合によっては貢がされたりDVを受けたり相手がハーレム的に沢山の女性を相手にしていてもそれに甘んじてしまったり

なんかしてるこの、

「言ってることとやってることが全然違うやんか的現実」を直視することから逃げない

で、その上で、

「相手側を全否定する論理の大伽藍を積み重ねる」

んじゃなくて、

「どうやったら自然に愛し合って生きていけますかねえ？」という具体的解決策を考えていかないといけない時代

なんですよ、今は。

いつの時代でも、「20世紀的に単純化された新幹線的なリベラル言論」が溢れかえっている社会では、「人間の本当のリアリティ」と「社会で表立ってこういうのがイイとされている建前」は物凄く乖離してるんですよね。

で、「新幹線的言論」が溢れている間は、それと「本当の生身の現実」との間は「男社会のホモソーシャル」によって保たれているんですよ。

「ムチャクチャやる男たちの前時代性」によって「新幹線的リベラル言論」が取りこぼしてしまったリアリティは補完されているわけです。

そこには、「通り一遍のウソクサイ新幹線的言論」から、「本当のリアリティ（生身の現実性）」「本当のダイバーシティ（多様性）」を土俵際で死守している勇敢なチャレンジがあるんですよ。

だからいくら非難したって横暴な男も変態な男も消え去らないんですよね。

でもね、何度も言いますけど、男どもだって暴走したくてしてるわけじゃないんですよ。

「新幹線的言論が非現実的な分」だけ、ミクロに見れば「DVする男」も出てくるし、マクロに見れば「朝鮮人を殺せ！」とか騒ぐ人たちだって出てくるってわけです。

もちろんそれでいいはずがない。でも彼らを無理やりに非難してたって決して解決しない。なぜなら「そういうムチャクチャさを望んでいるのはむしろ現実には女の人の方」だったりするからです。

現代の若い男は、そういう逸脱をする男を「お前だけ良い思いしやがって」的に引きずり下ろしてやりたいと物凄く思ってたりするんですよ。

（ところで余談ですが、韓国やシンガポールの出生率が日本よりさらに低いのを見ていると、彼らは口では物凄く日本と敵対するようなことを言いつつ、〝本能レベルの男の連帯心〟の世界では、〝同じ悩みを持って競争しあいながら日々戦っている同志〟＝「悲しきAsian Boys」なのだと私は切実に思います……アジアの兄弟たちよ!!　あんたらの気持ち俺はわかってるぜ!!）

図3−1のスパイラルの矢印の右側に書いてあるのはそういうことなんですね。

「あたらしいリベラル」が文化として確立していって、「新幹線的言論」が「山手線的言論」に転換し、「社会にあたらしいど真ん中の共有軸」ができたなら、もう「古いホモソーシャル」「古い男社会」「ムラ社会の嫌な部分」にみんながみんな嫌だなあと思いながらしがみついている必要もなくなるんですよ。

そして、女性読者のあなたは、アピールは下手でただ横暴なだけに見えていた日本人の男たちが、集合的なレベルにおいてはありえないような周到な気の回し方であなたを「優しく見守って」いたことに気づいていただけるでしょう。

そしたら、女性の社会進出もガンガン進みますよ。それを踏みとどめてまで男社会が内輪でグズグズ守っていなくてはいけない理由もなくなるからです。

そしてその時に、「女性らしさを本当に発揮するということ」が経済活動の中でも次々と自然に具現化するようになっていくでしょう。

“Woman, please let me explain”

また、さらに踏み込んだことを言えば、「出生率」にも関わってくる根底的変換がここにあるんですよね。

出生率が高いということは、人口ピラミッドがどんどん若返っていくということなんです。「戦勝国の安定感」ベースで出生率が比較的高い時代が続いたアメリカは、選挙民の人口ピラミッドがあまりに急激に若返りすぎて、最近はある種過剰にナイーブな振れ方をしてしまっており、それが彼の国の政治的安定感が最近揺らいでいる根本原因になっていると私は見ています。

もちろん、「アメリカがそうなっていくこと」は歴史の必然だし、そうでなくてもアメリカの経済・軍事的パワーが世界に占める割合は確実に減少していくでしょうから、そういう一連の変化自体は受け入れなくてはなりません。

しかし、その変化が本当に「人類の幸せ」に繋がるのか、それとも安定したリーダーがいなくなってアチコチが不安定化して戦争が頻発する世界になってしまったよね……になってしまうのか、それはこれからの我々の毎日のチャレンジにかかっているんですね。

図1-6（135頁）で描いたとおり、この世界に「新幹線的言論」しかなくて、「20世紀的なリベラルと保守派の罵倒合戦」が続いていれば、世界はどんどん不安定化し、どんどん危険な世界になっていくでしょう。

しかし、今これから日本において「山手線的な言論」が確立していき、「あたらしいリベラル」の言論と「あたらしい経営文化」が成立していくとき、そしてその結果が経済的指標における疑いようもなく明確なパフォーマンスの卓越性として表現されるとき、人類は何千年もの「進歩派と保守派の罵り合い」を超えて、「あたらしい段階」へと進化することになるでしょう。

そうすれば、図3-2（次頁）の右側の図のように、「我々一人一人の、毎日のいっぱい泣いていっぱい笑っていっぱい怒っていっぱい落ち込んでいっぱい喜んで……の積み重ね」自体が、世界のあらゆる紛争と貧困の元凶である「客観化されすぎた不自由なシステム」と「どこまでも生身の人間の生活のリアリティ」との間のラストワンマイル（最後の一歩）のトンネルを掘り抜いてしまう「あたらしい文明」を生み出すのです。

昨今は、昔はタブーだった「子供が欲しいなら、できれば女性は××歳ぐらいまでに」的なアナウンスが広い範囲に無理なく共有できるようになっています。それは一時期の「新幹線的言論」が必要だった時期には決して許されないことだったでしょう。両者の緊張関係に、「雪解け」が近づいている証なんですよ。

社会の安定性をギリギリ維持するために必死に「引き伸ばされてきた運命の出会い」たちが、

「あたらしい社会の共有ビジョン」の流れの中でやっと出会える時がすぐそこまで来ているんですね。

「あたらしいビジョン」は、その「ビジョン」を共有できる「あたらしい愛の形」を生み出すのです。

今まで男女の意地の張り合い傷つけ合いによってギリギリ維持されていた「旧世代の安定感」が今後だんだん不要になり、「あたらしい揺るぎないど真ん中の共有軸」に向かって社会が歩み始める時、日本社会にはビートルズの「オブラディ・オブラダ」や、モーツァルトのオペラ「魔笛」の最後のほうの「パパゲーノとパパゲーナの二重奏」のような幸せな賛歌的雰囲気が満ち満ちていく中で、「ムリしないで自然に出会い、愛しあうカップル」たちの間に次の世代の命が自然に宿っ

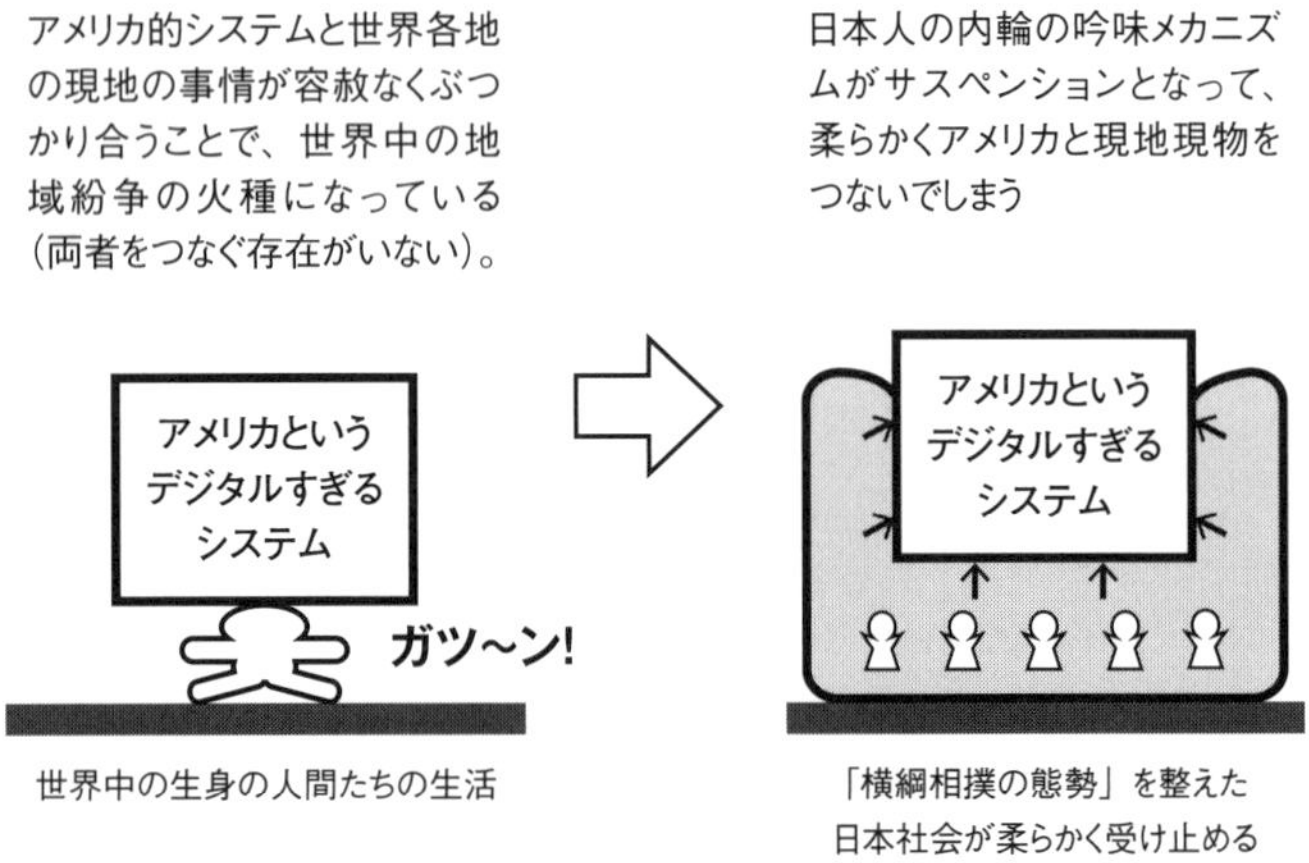
アメリカ的システムと世界各地の現地の事情が容赦なくぶつかり合うことで、世界中の地域紛争の火種になっている(両者をつなぐ存在がいない)。
アメリカという
デジタルすぎる
システム
ガツ〜ン!
世界中の生身の人間たちの生活
日本人の内輪の吟味メカニズムがサスペンションとなって、柔らかくアメリカと現地現物をつないでしまう
アメリカという
デジタルすぎる
システム
「横綱相撲の態勢」を整えた
日本社会が柔らかく受け止める

図 3-2　アメリカという「デジタルすぎる異物」と生身の人間社会とをシームレスに（継ぎ目なく）つなぐサスペンションとしての日本

ていく連鎖が、再び繋がっていく世界となるでしょう。

Woman, please let me explain
I never meant to cause you sorrow or pain
So let me tell you again and again and again

I love you, yeah, yeah
Now and forever

女性たちよ、説明させてくれ
男どもは決して、あなたたちを悲しませたいとか、ひどい目にあわせたいとか思ってああいうことをしてるんじゃないんだよ。
だからとりあえず、何回でもこれだけは言わせてください。

〝今も、これから先も永遠に
あなたのことを愛しています〟
（John Lennon, "Woman"）

あとがき　「次征く時は無限の彼方へ」

『黄金長方形の軌跡』で回転せよ！
そこには『無限に続く力』があるはずだ……
（『ジョジョの奇妙な冒険』のセリフ）

リベラル絶滅の危機に備えて

マイケル・ルイスというアメリカ人ジャーナリストが書いた『世紀の空売り――世界経済の破綻に賭けた男たち』（文春文庫）という本があります。

これは、リーマン・ショック前に、サブプライムローン関係の金融取引がいかにナマの現実とかけ離れたマヤカシであるかを見抜いて、**「他ならぬその〝金融技術〟を利用して」**、その崩壊側に賭けることで社会を大きく動かした人々についての話です。

どう考えても現実から遊離している金融商品が大手を振ってまかり通り、それをチェックするべき存在である格付会社やジャーナリズムも沈黙する中で、自分の判断を信じて「その崩壊に賭ける」スリルや、実際にその正しさが明らかになるまでの間ありとあらゆる他人から罵倒されヒドイ扱いを受けたりしてもあくまで信念を貫くストーリーなど、なかなか読み応えのある本なのでオススメです。

この本を読んでいて思ったのですが、「浮世」というのは常にある程度以上には馬鹿馬鹿しいものなので、「こんな世の中長くは続かねえぜぇ」とかいうような、「みんな俺のことを丘の上の愚者だと思ってるんだろうが実は俺は真実を知ってる男なんだぜ」的なスカした態度を取っているだけでは、決してそれは世の中を変革する力にはなりえないのだ、ということなんですね。

特に、

現代において何か自分が「問題だ」と思う対象に対して対抗していこうとする時に、安易に「自分は絶対善・相手が絶対悪」みたいな構図を作ってしまうと結局物事は決して変わらない

んだな、と最近シミジミ感じます。

「我々は99％の全く罪のない善良なる被害者」であり「1％の巨悪が全ての元凶である」みたいな構図を作っていくと、結局その「1％が存在することが世界の秩序に与えている根底的な意義

を無視している」ことになるんですよ。

そういう世界観で何をやっても、どれだけ頑張っても、実際にその「1%の巨悪さん」とやらを打ち倒すことは結局決して絶対何があってもできないんですね。

いや、より正確に言うと、**もしそれができてしまったら、次の瞬間からその「99%の全く罪のない善良なる被害者さんたち」の間で、取り分がアイツの方が10円多いぞ！みたいなことで、想像を絶するほど巨大な血で血を洗う大惨劇を演じることになるんですよ。**

そういう破滅的状況を避けるために、どうしてもその「1%」は打倒できなくなる。**むしろその存在だけに全ての罪をなすりつければつけるほど、より凶暴にその「1%」の事情が大きく世界に猛威をふるうようになる**のです。

そういう「一周回ってくる論理の恐ろしさ」を、人類は20世紀にありとあらゆる大量虐殺と大量餓死と……というような悲劇の結果学んだはずなんですよ。……まあ、まだ全然「学んで」ない人も一杯いますけどねっ！

だからこそ、

「自分が絶対善・相手は絶対悪」みたいな構図を振り回すのではなくて、「相手側のそもそもの存在意義」に敬意を払った上での対抗策を考えていかねばならない

んですよ。それが21世紀のルールなんです。

リーマン・ショックにまつわる金融機関の不正な取引は、クレジット・デフォルト・スワップ（CDS）という「金融技術」によって抵抗していくことで、はじめて問題が顕在化して是正される動きが実現したのです。

そういう「相手の土俵の上で勝つ」ような方式でなければ、21世紀の変革は成し得ないわけですね。

「相手の土俵の上で勝負する」ということは、「相手の存在意義を認める」ということです。「相手の存在意義」を認めてしまえば、そして「相手の長所」の上に「後の先」で自分のポジションを築きあげれば、相手はその位置からもう動くことができなくなる。それによって逆にコントロールしてやるのです。

「アメリカ」や「グローバル資本主義」が、ある観点から見れば不幸の大量生産マシーンになっている側面もあることなんて誰だって知っていることです。しかし、「アメリカ」や「グローバル資本主義」なしに人類を統治することなんて現状はできません。

そこを「否定」から入るのではなくて、「相手の存在価値」を「認めてやる」ポジションの上に、自分たちの「譲れない一線」を引ききってやるのです。それしか変革の道はありません。

それは、本質的にはガンジーやネルソン・マンデラ（南アフリカの人種隔離政策の撤廃を実現した政治家）が進んだ道と同じことです。

「非暴力不服従」の道というのは、「現在の統治システムのそれなりの存在価値」を認め・許し・理解し・敬意を払い、それを「暴力」によって覆すようなことはしないという方針を貫いた上で、しかし「自分の譲れないポジション」は決して譲らない道を貫くことです。

そういう、

「〝敵の土俵の上〟にポジションを取ってしまう」と、その「敵」さんとしては手出しができなくなる

んですよ。

ガンジーやマンデラは投獄されました。そしてその「投獄」とは、

「その敵の本質的存在理由を崩壊させない範囲内でその敵が最大限可能なイジワル」が「投獄」だったのだ

ということなんです。しかし「投獄だって受けてやるぜ」と思い切ってしまえば、「敵側」はその「投獄以上のこと」が決してできなくなる（もっと前の時代には殺されることだってあったでしょうが、それでも〝その人〟が死んでも〝同志〟が残れば決して国民全員を根絶やしにした

りはできない〝限界〟につきあたるわけで、そうやって〝限界まで行ききる〟ことによってのみ歴史は前進してきたわけですね)。

こっちから「無理をして押し返し」たりすると、「敵」も押し返す大義名分が生まれる。しかし「押し返すことをやめて」しまえば、「敵は敵の中に内在する無理が顕在化することによって自滅する」のです。

者どもよく聞け! 柔よく剛を制すとはこのことぞ!……なんてね。

もちろん、その「敵の存在全体」を認めてやりながら、「自分の譲れないポジション」も死守する両面作戦は簡単なことではありません。その道は「どちらの側からも敵」に見えるから、「どちらの側」からも排除されることになります。徹底的に無視されたり徹底的に嫌がらせを受けたり、世の中で広く通用している「キレイゴト」とは全然違うところに人間の集団の「真実」っていうのはあるものだなあ……っていうことを毎日濃縮ジュースで味わわされるような体験を連続してすることになります。

たいていの場合はそういう「人間の集団というものが持つ真実の性質」が持っている圧力に負けて、その「自分のポジション」を解消してしまい、「どちらか一方」の立場にたって「相手側を全力で批判」する方向に行ってしまうことになる。

リーマン・ショックの時も、世の中の大勢とは全然違う自分の見通しを信じて「逆張り」を続けられるだけの資金や意志力や勇気を確保できなくなって、途中で手を引いてしまったプレイヤーは排除されていったわけです。
あらゆる理屈を付けて資金を引き上げようとする「仲間」たちを説得し、あるいは無視しながら、最後までその「崩壊」に賭け続けた存在だけが世界を変える。
こちらの生命と資金力と意志力と覚悟が問われる局面がそこにはある。

「崩壊」はいつ始まるかわからないが、その瞬間まで「その逆張りのポジションを捨てずにいられるかどうか？」

それが試されているのです。

「逆側に賭けて生きる」ことを真剣に切実にやってこそ、そしてその「逆張りを続ける」ことを周囲の人から罵倒されたり無視され続けても貫き続けてこそ、「あたらしい時代の転換」の起点となる動きは生み出せるというわけです。

そのような意味において、私は、２００９年に民主党が政権を取った瞬間から、

「ああ、これはヤバイわ。いずれこの民主党政権が失敗を重ねて、揺り戻しが来て自民党が政権担当する時期にまでなったら、日本のリベラルはほんま絶滅寸前みたいになるやろな」

と思って、来るべき、

「リベラル絶滅寸前の危機」

に、ちゃんと「こんなこともあろうかと」的に「次の世代にリベラルの夢をつなぐための準備」をしておかねばならないな……という真剣な試みを開始したんですね。

具体的には、当時ある程度アクセスが増えてきていた公開ブログを一切停止し、会員組織も募集を停止、既存会員さんたちだけで、地道に「次の世代の希望」を形として提示できる準備に専念することにしたんですよ。

外向けに売っていく動きをやっていると、どうしても「M字カーブの原爆解かホロコースト解」に引き寄せられざるを得ない、どれだけ気をつけて必死に考えてやっていってもそうなってしまう……ことがわかっていたからです。

でもね、そうやって「顧客獲得活動」を停止するってことは経済的にかなり大変で（だからこそみんながどんどん〝原爆解かホロコースト解〞に引き寄せられてしまう流れは止められないわけなんですが）、結婚直後だったのによくわからないチャレンジを始めた自分を理解し励ましてくれた妻と、そして「クライアントというよりはこりゃもうパトロンだな」というようなレベルで参加し続けてくれた一部の会員さんたちの力によって、なんとか「希望の炎がついたキャンドルを消さずに走り切れた」というような苦労があったわけです。

そして、20世紀型リベラルの夢であった日本の民主党政権がいろんな問題を撒き散らしながら崩壊し、安倍政権になり、しかし当然ながら安倍政権も実際に政権を取ってみれば在野時代の彼の強固な支持基盤であったナショナリストたちの言うことばかり聞いてはおれなくなり……という状況になって、やっと「時」が満ちてきたんですよ。

我々は所詮戦争に負けた国ですから、ただ「アメリカもやってるじゃないか。俺たちも『普通の国』として振る舞って何が悪い」……とか言ったって通らないわけですよね。

だからこそ、**安倍政権に自分たちの悲願を託そうとしていたナショナリストさんたちの思いは、今の安倍政権を支えている支持者たちだけの力では決して果たされない**わけです。

安倍政権とは逆側・敵側に立って全力で罵り合いをしているだけになっている勢力の知見・気概・切実な意地をも合算して「ど真ん中」を行くことで、

「今の世界の問題を根底的に解決するあたらしい文明の提示」ができてこそ、はじめて本当の意味での「戦後レジームからの脱却」は果たせるわけです。

しかしそういう動きを本当にやるためには、「古いタイプのリベラル」の人たちに、もう「今までのままではダメなんだ」と絶滅寸前にまで追い込まれていただく必要があったわけです。

その状況が整うまでの長い長い時間を、どちら側にも属さないように距離を取り続け、慎重に自分のポジションを調節し続けながら、土に根をおろし、風と共に生き、種と共に冬を越え、鳥と共に春を歌い、孤独に耐えてよく頑張ってきた成果がこの本なんですよ。いやほんとに、自分を褒めてあげたいです……というのは冗談で、

結局私にそんなことが可能だったのは日本だったから

なんですよね。

まず私がそれをやるべきだ、なんとしてでもやらねばならない、と思えたこと自体が日本じゃないと無理なことだし、それをやっている間に「食えなくなって死んじゃう」ことなくなんだかんだ走り切れたこと自体も、「日本社会が持っている奥底の良心ゆえ」なんですよね。

そして、この本の企画を受けてくれて、励ましを常にしてくれて、そして物凄く重要なのは「時が満ちるまで待ってください」というなんか怪しい占い師みたいな私のワガママに対して、一切何も言わずに一年以上も見守ってくれたあげくに、「どんな球を投げてもこの人は必ず捕球してくれて、しかもストライク判定をもぎ取ってくれるだろう」という絶大な信頼を抱かせてくれた晶文社の編集者、安藤聡氏がいたからこそ、本当に純粋に「時期を待つという苦行」を耐え

ぬくことができたわけですよ。そういう悠長な編集方針を持つ彼の存在が淘汰されずに居残っていられたこと自体が、やはり日本社会に「その先」を切実に求める潜在的なニーズが渦巻いていたことの証左なんですよね。

つまり**「日本社会」は本能的なレベルにおいて、この20年間の世界経済の狂乱と収縮の繰り返しから距離を置きつつ、「自分たちだけの道」を切り開くための「オリジナルな準備の逆張り」を一貫して積み重ねてきているのだというわけです。**

「アメリカ的なもの」や「グローバル資本主義」的なものにムチャが相当に含まれているからといって、「反米」国家になってしまったり共産主義的な統制経済に閉じこもったりしては、それはただ「自分は善・相手が全て悪い」の世界観で吠えているだけにしか過ぎません。逆に、骨の髄までアメリカンな世界観に染まってしまい、グローバル資本主義の権化のように身軽になってしまっては、それなりに身軽になった分のつかの間の経済発展は享受できるかもしれないが、「その先の大きな転換」など決して実現できなくなるでしょう。

つまりは結局、20年間世界中に笑われ続けてきた我々日本人の「どちらにも進めなさ」こそが、「アメリカを補完し、そして次世代の覇権を獲りに行く決死の大覚悟」だったのです。

「ウソクサイ人工的な議論の大伽藍」なんかに決して騙されない、常に「生身の自分たち」の禅的実感のリアリティの上で動いていきたいと願うような、普段は徹底的に抑圧されている我々日本人の本質的美点があるからこそ、「合意形成カーブがどれだけM字化しようとも日本社会の中では土俵際数センチでギリギリ淘汰されずにいたもの」が次世代の希望を生み出すのです。

だからね、**この本が出せるところまで準備に準備を重ねられたこと自体が、「日本人全体の大いなる達成」**なんだと私は思っています。

この場を借りてお礼を言わせていただきたい。


ありがとうございました！

そして、これから、我々の未来が楽しみですね‼

「ど真ん中」の共有軸を

ところで先ほど民主党政権が成立した瞬間に、

「ああ、これはヤバイわ。いずれこの民主党政権が失敗を重ねて、揺り戻しが来て自民党が政権担当する時期にまでなったら、日本のリベラルはほんま絶滅寸前みたいになるやろな」

と思ったと書きましたが、そういう予想をした理由は、別に民主党の議員が自民党の議員と比較してムチャクチャ無能だとかそういうことではないんですよね。

ただ「政権の取り方」が、あまりにも20世紀的リベラルの無責任な新幹線的言論で酔っ払ってしまっていて、こんなことでちゃんと現実の舵取りなんかできるわけない！というのがヒシヒシと伝わってきたからです。

今後日本はある程度自民党ベースで政権運営をしていくことになると思いますし、その枠組の中でも十分「リベラル派の望み」も具現化できると私は思っていますが、もしもう一度政権交代させたいと思っておられる読者の方がいるならば、「どうやったら政権交代できるか」ではなくて「〝政権交代後にリベラルだけど現実的な政治ができるような政権交代のやり方〟とはどういうものか」ということについて、死ぬほど考えるようにしていただきたい。ただ政権取ればいいってもんじゃないでしょ？　アンタたちは何のために政治やってんのよ。自分が偉そばりたいためか？　違うでしょ？　世の中良くするためでしょ？

ただ、民主党政権が身をもって示してくれた色々の騒動は、ただ自民党政治がズルズル続いていたシナリオとは全然違う、「すべての問題を白日のもとに出し切る」効果は確実にあったと言えます。

それによって我々は、やっと「20世紀的な左右の罵り合い」やってるだけじゃダメだよな！と骨の髄まで思い知ることができるわけですからね。

２０１３年末に既存マスコミのほぼ全てと「20世紀的なリベラル」の人たちのほぼ全員を激昂させた特定秘密保護法の採決のやり方や内容の細部については、私もあまり賛同できない気持ちではいるんですが、しかし**その問題を全て「安倍政権側の問題」と考えるのは絶対よくないんですよ。**

問題は、**「ど真ん中の共有軸」が全然ないから、「今の安倍政権の強硬姿勢」から「一歩ゆるめる」と、今度はまたしても果てしなくグダグダの永遠に決められない政治に「舞い戻ってしまう」という事情が前提としてある**んですよね。

本書の言葉で言うなら、「M字に分断された言論空間」にいるから、安倍政権だって「ホロコースト解」のところに吸い寄せられざるを得なくなってるだけなんですよ。

「そのあたりの事情」も勘案して「その先」を実現する作業を始めることが、「あたらしいリベラル」に今求められてることなんですよ。戦前の軍部を引き合いに出しての紋切り型の人格攻撃とかね、やればやるほど彼らが「強硬にならざるを得ない」状況になっていくんだってことに気づいてもらいたい。それは本書の言葉で言うなら「原爆解」に引きこもっているにすぎないんですよ。

全力で両側の極論をぶつけあっている無責任さに、そろそろ誰もが気づかなくちゃいけない時代なんですよ。

「自分とは逆側の立場の人」を必死に人格攻撃して自分側だけが正しいんだとわめくだけの言論なんぞ、さっさと絶滅してしまえばいいんです。

「相手側がなぜそれほどそこにこだわっているのか」を敬意を払って理解することが必要なんで

すよ。

「ど真ん中」へ行かなくちゃ。

安倍政権だって「ど真ん中」に行きたいと思ってるんですよ。

彼らだって、既存マスコミにはよってたかって戦前の破滅的な軍国主義者の同類扱いされてありとあらゆる下品な人格攻撃を受けているし、また元々彼らの支持者であったようなナショナリストの人たちからは、だんだん「安倍は結局アメリカと金融市場にヘイコラする犬にすぎない」などと侮蔑されるようになっていっている現状のままでいたいと思ってるはずがありません。

「ど真ん中」へ行かなくちゃ。

「ど真ん中」へ行かなくちゃ。

「ど真ん中」へ行かなくちゃ。

いいですか？　もう一度たっぷり言わせていただきます。

「ど真ん中」へ、行・か・な・く・ちゃ！

「安倍政権側が無駄に強硬にならずに済む環境整備」こそが、「リベラル側」が今やらないといけないことなんですよ。

「M字に分断された合意形成カーブ」を「凸型」に転換するための、「針先に穴をあける言論」にみんなで熱中できるようになっていかないと、日本はもうどこにも進めないんですよ。

既存マスコミをほとんど総動員した全力のネガティブキャンペーンが功を奏して安倍政権の支持率も急落したようですし、これでまたグダグダに何も決められない国になっていったら「普通に生きてる多くの国民」が困るんですよね。「知識人の意地の張り合い」に、「普通に生きている人の生活」を巻き込むのは良くないです。冒頭で書いたアメリカ政府の醜態みたいなのになったら、我々はこの失われた20年に何を学んだんだ？って話じゃないですか。

「あたらしいリベラル」を、私と一緒にはじめましょう。

それしかないですよ。そうやって「ど真ん中」を立ちあげられない限り、日本はほんとこのまま何もできずに衰退するしかない状況ですからね。

とにかく我々日本人は、一度「コレだ！」となって走り始めると、どうにも止まれない生き物なんですよ。

必死で明治維新を起こして西洋列強に追いつき追い越し、東洋文化の存在をギリギリ守りぬかねばならない……ってなったところまでは良かったが、結局ガンガンそれに熱中しすぎて、周辺諸国の方々に、そして自国民にも、多大な不幸をまき散らす結果に終わってしまった。

今度は経済成長こそが全てだ！と思って突っ走ったのはいいが、今度も歯止めがきかなくなってしまって、バブル経済の狂乱の結果揺り戻しで今度は20年間も絶不況の苦しみを味わった。だからこそ、「次に立ち上がる」時には、「どこまでも行ける」ものでなくてはダメなんですよ。中途半端な希望は全て引きずり下ろしてでも、次は「どこまでも行ける」ものでなくてはならないんです。しかし「どこまでも行けるほんとうの希望」に対して日本人の「世界最強の集団的吟味力」を振り向けることさえできれば、我々は過去60年間、いわれなき侮辱を受け続けなくてはならなかった我々の自然的本性を、世界に向かって胸を張って提示していけるようになるでしょう。

過去20年どこにも進めなかった時代に、日本は「次に立ち上がるならば、それは〝どこまでも行ける確信〟があるときでなくてはならない」という本能的な吟味を積み重ねてきているのです。中途半端な経済的繁栄を呑気に貪っていた国々とは、モノが違うんだぜ！ってとこを見せてやろうじゃないですか。

戦争時代に近隣諸国において悲劇的なことを起こしてしまった被害者の人たちに対する反省を本当に貫き通すためにも、そして靖国に眠られている英霊たちが「この世界全体の中では犯罪者」扱いされ続けるのではなく、人類史全体の押し合いへしあいの中で、時代に翻弄されながらも必死で生きざるを得なかった純粋な魂そのものであると堂々と世界に対して胸を張れるように

なるためにこそ、私達は「次こそ」は、「どこまでも純粋なほんとうのこと」のために立ち上がらなくてはならないのです。

散りゆきし　桜の数に思いせば
次征く時は　無限の彼方へ

倉本圭造

著者について

倉本圭造（くらもと・けいぞう）

経済思想家・経営コンサルタント。1978年神戸市生まれ。兵庫県立神戸高校、京都大学経済学部卒業後、マッキンゼー入社。国内大企業や日本政府、国際的外資企業等のプロジェクトにおいて「グローバリズム的思考法」と「日本社会の現実」との大きな矛盾に直面することで、両者を相乗効果的関係に持ち込む「新しい経済思想」の必要性を痛感、その探求を単身スタートさせる。「今を生きる日本人の全体像」を過不足なく体験として知るため、いわゆる「ブラック企業」や肉体労働現場、時にはカルト宗教団体やホストクラブにまで潜入して働くフィールドワークを実行後、船井総研を経て独立。「個人の人生戦略コンサルティング」の中で、当初は誰もに不可能と言われたエコ系技術新事業創成や、ニートの社会再参加、元会社員の独立自営初年黒字事業化など、幅広い「個人の奥底からの変革」を支援。著書に『21世紀の薩長同盟を結べ』（星海社新書）がある。

ホームページ http://www.keizokuramoto.com

扉の教室
Liberal Arts Lab

日本がアメリカに勝つ方法——日本経済、大反撃のシナリオ

2014年3月5日　初版

著　者　倉本圭造

発行者　株式会社晶文社
東京都千代田区神田神保町1-11

電　話　03-3518-4940（代表）・4942（編集）

URL　http://www.shobunsha.co.jp

印　刷　株式会社堀内印刷所

製　本　ナショナル製本協同組合

ISBN978-4-7949-6813-5 Printed in Japan

JASRAC 出 1316839-301